El arte de hablar en público

Guía de consejos prácticos para hacer una presentación memorable y deslumbrar a tu audiencia. Gana seguridad en ti mismo y expresa tus ideas con confianza

Gerard Shaw

REGALO GRATIS

Este libro incluye un folleto extra. Su descarga estará disponible por tiempo limitado. La información para asegurar la obtención de este regalo puede encontrarse al final de este libro.

ÍNDICE

INTRODUCCIÓN

Nadie nace siendo un gran orador. Quisiera poder decir que fui fenomenal la primera vez que hablé frente a una audiencia pero, eso sería una mentira. Me tomó varios fracasos aprender a serlo. Sólo ahora, después de más de una década de practicar y enseñar a hablar en público, he llegado a tener respuestas para aquellos que quieren seguir su propia carrera. Las preguntas siempre varían de tema, pero la mayoría de ellas tratan sobre el miedo que conlleva hablar en público. Comencé a darme cuenta de que hay muchas personas que comienzan donde yo lo hice y muchas de ellas quieren aprender a superar sus miedos antes de salir al escenario.

Quiero que aprendas de lo que yo he vivido antes de comenzar tu propio viaje. Los conceptos en este libro son los que he aplicado a mi propia carrera, me han permitido a mí y a quienes he asesorado, a tener éxito en la meta de poder hablar en público. Sé que habrá un momento en que te encuentres en el mismo punto en el que yo estuve al principio de mi carrera y donde fracasé miserablemente, pero sé que vas a prosperar.

En este libro, voy a repasar las soluciones más poderosas, junto con pautas detalladas sobre cómo puedes superar los temores que te paralizan. Obtendrás el conocimiento para ayudarte en tu desarrollo y transformarte en un orador seguro de sí mismo capaz de inspirar a los demás. Estas son estrategias prácticas para elaborar discursos ganadores y poder articular adecuadamente tu mensaje principal. Sé que estas estrategias funcionarán para ti, porque me han funcionado durante mi larga y, al principio, a veces difícil, carrera.

Elegiste este libro, lo que significa que hay un fuego dentro de ti que te empuja hacia adelante y quiero que te conviertas en el tipo de presentador que logra que el público se asombre. Al ver que tienes interés en hablar en público, hay una buena posibilidad de que ya estés dando discursos y presentaciones, tal vez por razones profesionales, académicas, cívicas o sociales. Cualesquiera que sean tus razones, solo puedo imaginar la responsabilidad que se te impone cuando hablas. Quizás estos compromisos conducirán a una nueva carrera o ascenso, independientemente de los motivos, está claro que quieres mejorar tus habilidades.

Cuando era más joven, la idea de hablar delante de los demás me hacía temblar de miedo. Tener que pararme frente a una clase y presentarme era suficiente para ponerme nervioso. Tuve que forjar un camino largo y tedioso para convertirme en el exitoso orador público que soy ahora. No quiero que tú tengas que recorrer ese largo y tedioso camino. A lo largo de este arduo viaje, he aprendido estos conceptos que estoy a punto de compartir. Fue solo después de mi propio éxito que comencé a ofrecer mi conocimiento a los clientes. He visto cambios increíbles en numerosos oradores. Una vez que adoptaron las técnicas, estrategias y métodos de este libro, los nuevos oradores siempre regresaban con una abrumadora cantidad de aprecio por la confianza que les ayudaba a aprender y la forma en que mejoraba su carrera. Gracias a mi entrenamiento, he visto a personas pasar de no poder subir a un escenario, a sorprender a una multitud de cientos mientras hablan de lo que más aman, no importaba si el orador estaba en una conferencia universitaria, en una reunión social contando sus propias historias o estaban defendiendo los cambios que sentían que debían hacerse en el mundo.

Tú también puedes convertirte en un orador exitoso, superar tus miedos y forjar tu propio camino hacia el éxito. El viaje comienza con el conocimiento:

- Revisaremos el miedo y las formas en que puede paralizar tu capacidad de cautivar a una audiencia.
- Aprenderás a vencer tu ansiedad utilizando técnicas comprobadas y respaldadas por la ciencia.

- ¡Te daré técnicas sobre cómo construir un discurso, encontrar tu mensaje y comunicarlo con confianza!

Todos los conceptos en este libro provienen de años de experiencia en la capacitación de oradores de clase mundial, logrando perfeccionarlos a lo largo de los años. Ahora puedes usarlos para construir tu propia carrera de orador. ¡Ahora recibirás todo esto!

Las primeras experiencias pueden incluso significar que hay una posibilidad de que hayas considerado dejar de hablar en público. Al elegir este libro, has demostrado que rendirte no es la solución. Sabes que has desperdiciado suficiente tiempo en tus ciclos de retroalimentación negativa. A partir de ahora, ya no necesitas darle a esos ciclos el poder que no se merecen. Una vez que comiences a actuar sobre las estrategias infalibles de este libro, notarás de inmediato los cambios. No tengo dudas de que verás cómo puedes cambiar tu vida ahora que has dado el primer paso hacia adelante.

Este libro incluye un folleto GRATIS para el dominio de una técnica excelente que mejorará tu tranquilidad y tu nivel de confianza diaria. Al final de este libro encontrarás las instrucciones para asegurar hoy mismo tu copia.

CAPÍTULO UNO:

Los depredadores modernos no pueden comerte

Seamos realistas: el miedo es esencial para nuestra auto preservación a un nivel biológico. Nuestros antepasados necesitaban del miedo para sobrevivir. Fue una sensación necesaria que jugó un papel muy importante en nuestro pasado. Tú y yo probablemente no estaríamos hoy aquí si nuestros antepasados no hubieran elegido huir en lugar de valientemente enfrentarse a tigres con dientes de sable. El miedo tiene un propósito y uno importante. Dicho esto, el miedo no tiene lugar en nuestra sociedad actual. Las cosas que tememos ahora simplemente no tienen el mismo significado que tenían los animales depredadores en el pasado. Vivimos vidas muy cómodas, la mayoría de nuestros miedos actuales son fantasmas mentales que permitimos que amenacen nuestra dicha actual.

Por lo tanto, el miedo no debe determinar nuestra mentalidad, debemos soportar los momentos de ansiedad. No podemos ignorar el miedo per se, solo dejar que siga su curso. Entre las muchas emociones que albergamos, el miedo es el súcubo: invade nuestro subconsciente murmurando sobre el fin del mundo, robando nuestra confianza. El miedo nos vuelve paranoicos y domina cualquier otra emoción mientras está presente. Busca constantemente el peligro, incluso cuando ya no estamos huyendo de los depredadores o cazando con lanzas para evitar el hambre que nos embarga. Esos tipos de terrores que bombean adrenalina provienen de nuestros ancestros, esa clase de miedo es una emoción anticuada. Nuestro subconsciente no tiene ni idea de que, la mayoría de las veces, cuando sentimos miedo, no estamos en peligro de muerte, sino a punto de dar un discurso ante extraños. Es por eso que el miedo te detiene: él siempre está tratando de tomar la delantera. El miedo obstaculiza el crecimiento, como un demonio disfruta manteniéndote en una burbuja de sospecha. Envía el miedo al fondo de tu mente y deja que salga cuando lo necesites, no cuando solo te sientas nervioso por hablar en público. Tú lugar está de pie al lado de la confianza y del orgullo, el miedo no pertenece allí, déjalo detrás de las cortinas murmurando sobre todas las cosas que no sucederán.

La psicología del miedo

El miedo primitivo e irracional proviene del comienzo de la evolución. Pero, ahora mira a tu alrededor. ¿Algo te persigue? Seamos realistas, a menos que ahora mismo, mientras lees, estés en medio de una situación peligrosa, puedes comprender que el miedo es una emoción anticuada. No hay duda de que el miedo nos mantiene vivos y seguros, pero es un obstáculo para nuestra vida cotidiana.

Entonces, ¿cuál es la *psicología* detrás del miedo? Naturalmente, todo está en la mente, como una maleza en un huerto. Una vez plantado en tus pensamientos, el miedo crece a expensas de tu confianza. El miedo real o psicológico desencadena una reacción química en cada parte de tu cuerpo. Una vez que tus pensamientos comienzan a percibir una amenaza, tu cuerpo entra en un estado protector, es entonces cuando las reacciones físicas golpean: sudoración, temblores y un aumento de la frecuencia cardíaca. Todos reconocen estas señales de advertencia, sienten que aparecen y se expanden. Cuando llega la ansiedad, a veces tu estómago se revuelve y una sensación inminente de temor llena todo tu cuerpo. Los psicólogos llaman a esta respuesta primaria el *conflicto de huida o lucha*. Al hablar en público, a la emoción no le importa si tienes una audiencia que impresionar o un mensaje importante que quieres comunicar.

Los traumas puede dejar marcas en la mente de las personas, estos pueden provenir de experiencias de la primera infancia, pero a veces pueden ser de experiencias recientes de miedo escénico que dejaron una huella emocional. Hablar en público es una ocasión traumática para la mayoría de las personas. Tal vez hayas tenido una mala situación en el pasado, en la que no has escrito la palabra correcta o has perdido la atención de la audiencia. Ahora déjame decirte esto: no estás solo. Muchas personas han hecho esas mismas cosas. No lo consideres como una cicatriz emocional, considéralo como un trampolín que forma una curva de aprendizaje. Ten en cuenta que hay más personas que cometieron un error durante una presentación, que personas que hicieron presentaciones perfectas.

Por lo tanto, hemos establecido que tu miedo tiene lugar en los recuerdos, si dejas que abrumen tu situación actual, te encontrarás con los mismos problemas repetidamente. Se convierte en un círculo de retroalimentación mental negativa, que vuelve a conectar tu cerebro para buscar fallas similares. El miedo irracional inhibirá tu forma de vida si te rindes con demasiada frecuencia.

Sé de primera mano qué tipo de peaje pueden tener los malos recuerdos en futuros intentos de emprender algo. Una vez cuando estaba hablando frente a un grupo hice una broma que no funcionó bien. Al preparar mi presentación, recuerdo estar orgulloso de mí por haberla inventado. Estaba en el medio de mi presentación y, bueno, la broma surgió justo en el momento planeado. Mi audiencia estaba en una sala de juntas, tenía la atención de todos sobre mí, hice el chiste, sonreí, esperé la respuesta, hubo un completo y absoluto silencio. Nadie se rio. Ni siquiera una risita. Ahora, el silencio puede ser algo bueno en una presentación pero, cuando el humor falla, incluso los oradores más veteranos sienten la tensión.

¿Entonces qué hice? Podría haberme reprochado por la presentación fallida durante semanas, sino es que meses y quería hacerlo. Todavía recuerdo cómo sentí que me iba a enfermar allí mismo. En esa ocasión, mi voz tartamudeo al hablar, mi cara se puso roja, podía sentir mi corazón acelerado. ¿Ese mal chiste me persiguió por un tiempo? Sí, mentiría si dijera que no, pero no dejé que me detuviera.

Me tomó un tiempo poder mirarme al espejo y descubrir por qué estaba tan molesto conmigo mismo. Fue entonces cuando supe que tenía que aceptar la situación. Era difícil decirme que me había equivocado, sin embargo, admitir que tenía un problema con mi habilidad humorística fue el primer paso para mejorar. Más tarde, me enfrenté a lo que me molestaba tanto de ese fracaso y al por qué estaba tan nervioso, había comenzando muy orgulloso de mí, pero la vergüenza y mi reacción ante la multitud inexpresiva equivalía a una reacción de miedo. Después de reflexionar me dije que si hubiera podido continuar con mi presentación, como si nada hubiera pasado, no me habría sentido tan mal por eso. Esa era mi verdad y eso era lo estaba en el centro de mi miedo, me daba vergüenza cómo me temblaban las manos y el hecho de que sudaba a través de mi camisa azul claro. Una vez que supe que el miedo era solo miedo y no tenía consecuencias duraderas, lo dejé ir y decidí hacer algunos cambios. Me puse una camisa negra en la siguiente presentación y elimine el chiste. La próxima vez que me presenté frente a la multitud no tuve problemas. Descubrí que no tenía nada de qué preocuparme y me sentí orgulloso.

Ese era yo, superando la situación no cediendo ante mi miedo. En lugar de rendirme, lo acepté, descubrí lo que era e hice algunos cambios necesarios. Esos sentimientos han vuelto a surgir de vez en cuando y esos recuerdos no se han ido, pero simplemente no cedo ante ellos. Hay veces en que vas a decir cosas fuera de lugar que te harán sudar profundamente. Solo trata de no pagar demasiado alto esa sensación de derrota. Las personas que están sentadas allí, escuchando tu voz, están realmente interesadas en la información que tienes para ofrecer. Quieren que tengas éxito en ocupar su tiempo de manera significativa, así que trabaja junto con ellos, rechaza el miedo.

Sé que este es un tema difícil para mucha gente. Las inseguridades emocionales y físicas se manifiestan con las mismas respuestas fisiológicas, como boca seca y rodillas temblorosas. Saber que no eres el único que se siente abrumado por hablar en público puede ser tranquilizador. La confianza, como el miedo, es una emoción compleja. Cuando comprendas que tú eliges cómo reaccionar ante el miedo, sé que aprenderás a mirar al tigre dientes de sable a los ojos y te negarás a dejar que te domine. El primer paso para hacerlo es reconocer al tigre en la habitación.

Reconociendo y aceptando el miedo

Ahora comprendes que el miedo a hablar en público es psicológico y que no estás solo. ¡Entonces, veamos cómo puedes superarlo! Cualquiera puede vencer su miedo siempre que tenga la confianza para abordarlo y trabajar en ello. Después de todo, las personas que temen hablar en público, a menudo tienen circuitos de retroalimentación psicológicamente negativos. La base para superar el miedo de pararse frente a una multitud comienza con la aceptación y el reconocimiento, las mismas son dos prácticas que mejorarán la satisfacción general con tu vida.

Al principio, deberás ser consciente de tus emociones, para después negarlas, esto como una herramienta para tu superación personal. Comienza haciendo un seguimiento de tus emociones, tal vez puedas llevar un diario durante solo un par de días para descubrir con qué frecuencia las emociones impactan en tu toma de decisiones. Tendrás que ser honesto contigo mismo acerca de cómo y qué sientes. Tiene que convertirse en un hábito, por lo que debes practicar la conciencia emocional durante todos los días.

Cuando se trata del miedo, deberás recordar practicar la aceptación en cualquier momento que la inminente sensación de fatalidad te invada. Esto es lo opuesto a ignorarlo. Por ejemplo, cuando comiences a sentir miedo, permite que suceda, está atento a las sensaciones, observa lo más objetivamente posible cómo se desarrollan en ese momento, luego del hecho, considera prudentemente cuáles hubieran podido ser tus respuestas alternativas durante el acto. Esta última parte del proceso probablemente no sucederá durante el evento, pero es una técnica de retroalimentación personal positiva.

Evitar las emociones negativas puede parecer una estrategia de supervivencia. No hay nada agradable en sentirse abrumado. A menudo, solo queremos que la sensación desaparezca, lo que te hace sentir incómodo, no es el tipo de cosas con las que quieres quedarte. Y las emociones negativas (tristeza, desesperanza, soledad) estresan nuestros cuerpos y reducen nuestra energía positiva. A diferencia de la alegría y los éxitos de hablar en público, las emociones negativas que causan miedo tienden a permanecer más tiempo, a pesar de que queremos que pasen rápidamente.

Entonces, ¿cuál es naturalmente nuestra primer respuesta ante las emociones negativas? Ignorar. Es una respuesta instintiva pensar que, si simplemente ignoramos una emoción, esta desaparecerá por sí sola. Desafortunadamente, nunca lo hace. Estas emociones persisten hasta que nuestros cuerpos no pueden hacer otra cosa que expulsarlas, generalmente de manera inconveniente. Por ejemplo, cuando estás triste y lo dejas de lado día tras día, llegará un momento en el que simplemente comenzarás a llorar. Al evitar las emociones estas terminan teniendo un efecto adverso en el cuerpo, por lo cual, después se experimentan a niveles elevados. La supresión empeora las emociones negativas. Piensa en tu cuerpo como un volcán: en algún momento, ¡las emociones negativas explotarán! Cuando sientas que eso comienza a suceder, quiero que hagas algo insondable: acéptalo. Si, lo leíste bien. Déjate sentir la emoción, mantenla cerca como un pariente perdido hace mucho tiempo, abraza el sentimiento y luego déjalo ir.

Aquellos de ustedes que estén en un estado de negación, podrían preguntar: "¿Por qué debería de aceptarlo?"

Se ha demostrado científicamente que evitar las emociones es caótico para el bienestar físico y mental. Evitar una situación debido al miedo, se convierte rápidamente en una trampa, porque es un estado de comodidad fácilmente accesible al que te acostumbras. Cuando ignoras el miedo, finges la felicidad al evitar situaciones y personas que lo desencadenan. Al evitar las cosas que te trajeron miedo en el pasado, pronto te encontrarás y te mantendrás alejado de los momentos que podrían resultar gratificantes. Tal comodidad racionalizada es como el corredor que recurre a la comida chatarra después de que un hematoma lo tumbó durante un par de días. Tener sobrepeso es más fácil que ponerse de pie y arriesgarse a volver a tener un hematoma. El corredor tiene más miedo al recuerdo del hematoma que al dolor real y la comida chatarra parecerá más cómoda que el dolor que tuvo que soportar.

Luego está nuestro viejo y horrible amigo con el que todos hemos lidiado en un momento u otro: la ansiedad. Cuando evitas tus miedos, hay una cruda sensación de anticipación que te embarga, haciendo que empieces a sentir temor de tener que enfrentarte a las cosas. La ansiedad se reproduce sola, de hecho, la ansiedad se alimenta de sí misma. La mejor manera de lidiar con el miedo es aceptarlo, incluidos los signos físicos y mentales que lo acompañan. Cuando evitas el miedo se magnifica en un monstruo grande y malo, por lo cual el chihuahua que realmente es se vuelve más difícil de enfrentar. Nadie quiere enfrentarse a monstruos, pero protege tus tobillos y no hay razón para dejar que un pequeño canino te intimide. Tienes que avanzar.

Enfrentando tu miedo

No puedes evitar el miedo. Aceptarlo y dejarlo ir es el primer paso para sorprender a tu audiencia. Una vez que hayas hecho eso, solo hay una cosa que hacer a continuación: enfrentar el miedo y hacer las cosas de todos modos. No es un secreto que hablar en público puede ser desalentador. De hecho, las encuestas han demostrado que hablar en público ocupa un lugar más alto que la muerte cuando se trata de enlistar nuestros peores temores. Piénsalo, la mayoría de las personas preferiría morir antes que tener que hablar frente a una multitud. Esto puede ser una sorpresa, o tal vez pueda relacionarse con ese sentimiento de temor. De todos modos, si has elegido este libro, significa que estás listo para utilizar toda tu fuerza.

¡Aquí están las buenas noticias! Conocer tu miedo realmente calmará tu mente. Los psicólogos saben que sus pacientes fóbicos deben enfrentar sus miedos para curarse. Las mismas ideas ayudan a los oradores públicos. Los estudios han demostrado que después de haber enfrentado un miedo, te sentirás abrumado por una sensación de bienestar inducida por la adrenalina que se extiende por todo tu cuerpo. El nerviosismo intenso desaparece y, después del éxito de la euforia, sentirás una sensación de calma a medida que bajan los niveles de la hormona cortisol. Esta es la razón por la cual tantas personas corren riesgos para ganarse la vida: es una droga natural. Al considerar los riesgos de los socorristas o los militares profesionales, hablar en público parece bastante manso. Pero, dado que muchas personas prefieren arriesgarse a la muerte en lugar de hablar en público, dejan que gane el miedo escénico. Quizás estés pensando, *¿por qué necesitaría hacer esto? No soy alguien que toma riesgos, no vivo de la adrenalina.* Bueno, la ciencia dice que debes de encarar tus miedos hasta que estos ya no te controlen.

Si enfrentas tus miedos repetidamente, tu mente ya no los verá como una amenaza.

Si derrotas mentalmente ese miedo escénico una y otra vez, este ya no será una amenaza. Toda la química de tu cerebro cambiará con esta nueva aceptación y ya no tendrás los intensos síntomas físicos y emocionales hacia lo que temes. No tengo dudas de que durante este proceso querrás evitar lo que te aterroriza, pero se trata de no rendirte. Enfrenta el miedo escénico en pequeños pasos, deja que la ansiedad te provoque escalofríos, así podrás entrenar a tu cuerpo para sentir el miedo y que este ya no te controle.

La mayoría de nuestros miedos son absurdos

Suena bastante duro, ¿no? Bueno, no tengo la intención de hacerte pensar que tus miedos no son válidos, eso no es a lo que me refiero. Lo que esto significa es que tus miedos no se basan en la realidad. Yo diría que la mayoría de ellos no son reales. ¿Caer de un edificio? Sí, definitivamente es algo a lo que temer, pero ¿pararse frente a esa multitud? No tanto.

¿Qué pasa por tu mente cuando tienes miedo?

¿Cuál sería el peor de los casos? Ahora, estos peores escenarios son solo eso: escenarios. No existen, aparecen en la imaginación, como una especie de película, que te muestran las peores cosas que podrían pasar.

Luego se reproducen una y otra vez. ¿Cuál es el problema? Estos momentos que estás viendo están todos siendo creados en tu mente. Hay una buena posibilidad de que nunca lleguen a buen término. Si continúas creyendo que estos escenarios son reales, entonces estás cediendo a la sensación de temor que los acompaña.

Esto también puede considerarse como una forma de evasión. Estás evitando lo que te produce ansiedad y lo estás convirtiendo en un problema aún mayor: inconscientemente te das excusas para no enfrentarte a ello.

Entonces, quiero que repases todos tus miedos cuando se trata de hablar en público. Quiero que los veas, los aceptes, los reconozcas y luego los dejes ir. Si necesitas decirlo en voz alta, ¡dilo! Quiero que te digas a ti mismo: "Estas situaciones no existen y ninguna de ellas sucederá". Si puedes comenzar a convencerte a tí mismo usando estas oraciones de que "estás seguro" y de que "todo está en tu mente", estás un paso más cerca de superar tus patrones de pensamientos negativos. Tu mente verá estas escenas imaginarias por lo que son en realidad: tu imaginación autodestructiva.

Comenzarás a sentirte bien cuando comiences a enfrentar tus miedos. Hay un equilibrio para generar confianza haciendo cosas que nunca creíste posibles: esta es la razón por la cual algunas personas viven sus vidas tomando riesgos. Quiero que sientas ese orgullo que proviene de poder controlar cómo reaccionas a tus miedos, ¡y sé que es solo cuestión de tiempo!

La estrella de la NBA que se volvió comediante en sus entrevistas - Perfil - Klay Thompson

Si no eres un ávido fanático de la NBA, es posible que no sepas quién es Klay Thompson. Él fue cinco veces NBA All-Star y tres veces campeón de la NBA. Uno pensaría que sería fácil para él hablar sobre el deporte que más ama, especialmente en entrevistas. Desafortunadamente, Klay ha tenido varias malas experiencias mientras estaba frente a la cámara. Esto lo ha convertido en un favorito entre los fanáticos pero, en algunos momentos, por todas las razones equivocadas.

Uno de los momentos más notorios fue cuando dio una entrevista, ahora infame, después de un juego que había ganado. Klay no solo se quedó sin palabras, sino que las que dijo apenas tenían sentido. Se volvió viral a través de Twitter e hizo reír, a su costa, a muchas personas.

Entonces, ¿qué hizo Klay? ¡No se detuvo! Siguió dando entrevistas, sin importar la ocasión. Incluso apareció en segmentos de noticias locales para perfeccionar sus habilidades de entrevistado. Como competidor, sabía que tenía que practicar para mejorar. ¿Quieres saber la mejor parte? Comenzó a incorporar humor. Finalmente se convirtió en una especie de comediante y pronto se convirtió en el hombre más divertido de las entrevistas de la NBA.

Nunca dejó que ese momento, o algunos de los otros en los que se había avergonzado, lo derribaran. Venció al Internet y a los periodistas por igual. Ahora puedes encontrar compilaciones de sus entrevistas donde es descaradamente él mismo y no le importa lo que la gente tenga que decir sobre él.

CAPÍTULO DOS:

Tu audiencia espera un orador intrépido

Quiero que pienses en alguien que reconoces como un héroe. ¿Quién es? ¿Por qué lo consideras valiente? Quiero que consideres que hay en él, o en ella, que te persuade a creer que no tiene miedo. Cuando pienso en no tener miedo, pienso en las personas que han marcado la diferencia: Gandhi, Malala Yousafzai o Martin Luther King Jr. Todos estos son héroes locales que no solo han hablado con multitudes simpatizantes y adversarias, sino que han ayudado a que la conciencia moral de nuestra sociedad avance. ¿Hablaron sin miedo? Absolutamente. ¿Espero que tú, como orador emergente, comiences una revolución? Tal vez, en el sentido de que quiero que tu vida revolucione y des discursos y presentaciones sobre tus pasiones. Tú y yo queremos que se escuche tu voz porque tienes algo que decir. No hay duda de que sea lo que sea que te apasione, hay un grupo completo de personas que se interesan por lo mismo.

Sé que podrás manejar una audiencia y, a la vez, convertirte en la mejor versión de ti mismo. Quiero que sobresalgas incluso en una situación estresante. Puedes seguir adelante, sin miedo, a pesar de los obstáculos que enfrentarás en el camino. Se trata de construir la confianza para ser tu mismo y no mirar hacia atrás por miedo. Siempre es fácil pensar en el miedo como si fuera una emoción que está ahí, que a menudo se sienta en el fondo como un niño, pateando sus piernas cuando quiere atención. Puede parecer imposible de eliminar y, de alguna manera, lo es, sin embargo, el miedo es tan poderoso como lo permitas. Todavía puedes sentir las emociones, reconocerlas y aceptarlas, como se mencionó anteriormente, pero ya no necesitas controlarlas.

Probablemente suene ridículo. ¿Ser valiente? ¿Quién soy yo para decirte eso? Bueno, solía ponerme tan nervioso antes de salir frente a una multitud que me sentía mal. Era como estar lleno de lo contrario de las mariposas: mi estómago se revolvía y me mareaba. Estos son solo algunos de los síntomas con los que tenía que lidiar, una vez que estaba a punto de salir frente a una multitud. Era difícil mirar a los ojos a alguien porque estaba acostumbrado a mirar hacia abajo. Cuando la gente pasaba por los pasillos, yo estaba encorvado con los ojos en el suelo. Este era mi estado natural y tuve que cambiarlo para poder hablar de las cosas que me apasionan. No me di cuenta en ese momento, pero estaba atrapado en un estado constante de miedo, siempre pensando en las formas en las que la gente me juzgaría. Llegué a pensar que si desaparecía, no tendrían nada que juzgar. No obstante, cuando me presenté ante una audiencia, no tuve más remedio que ser notado.

Entonces, aprendí algo: después de hablar en público, me sentí agradecido por el miedo que tenía antes del evento, por la sensación de orgullo y alivio que vino después. ¡Fue una dicha! Pero esa dicha no hubiera sido posible si no confrontaba y lograba superar mi ansiedad y seguía adelante con mi pasión. Quiero que sientas eso también. Prepárate para practicar los pasos en el próximo capítulo para conocer los efectos que el miedo ha tenido en tu día a día. Puedes aprender a domar al tigre dientes de sable y entrenarlo para rugir bajo tu mando.

Los efectos del miedo

Si bien todos hemos experimentado el impacto neurológico del miedo, reconocer los problemas subyacentes que lo causan pueden ayudarnos a combatir sus síntomas. Incluso funciona para oradores experimentados que sé padecen de miedo de vez en cuando. Comprender la forma en que nuestra mente y nuestro cuerpo responden al miedo, explicará los episodios en los que no hemos tenido control sobre nuestros cuerpos o pensamientos. Primero debes de conocer a tu enemigo para derrotarlo.

El miedo paraliza el pensamiento

Cuando eras niño, ¿alguna vez sentiste que te estaba mirando algún fantasma malévolo y terminaste congelado en tu lugar? ¿O te has despertado de una pesadilla sin poder moverte de tu cama? Es como si todas tus extremidades estuvieran atrapadas en la misma posición y correr ni siquiera es una opción. Lo que experimentaste es lo que la gente llama "estar paralizado por el miedo ".

Déjame decirte esto, es común. Tan común que a la mayoría de las personas en todo el mundo les sucede. No importa si tienes miedo a la oscuridad o hablar en público. Este problema tiene sus orígenes neurológicos en una edad muy temprana, cuando la capacidad para incluso tener recuerdos aún no se había desarrollado. Entonces, te preguntas, ¿por qué no he superado este miedo? Bueno, es un reflejo natural.

El *reflejo de parálisis del miedo* (FPR por sus siglas en inglés) es un reflejo de abstinencia y comienza muy pronto, en el útero. Eras un feto cuando apareció por primera vez en la parte instintivamente primitiva de tu cerebro en desarrollo. Los síntomas de FPR incluyen dificultad para respirar, sensación de estar abrumado, aislamiento, falta de contacto y muchos otros síntomas. En el útero reaccionabas ante situaciones estresantes, era una respuesta de trabajo en equipo de tu cuerpo con el cuerpo de tu madre, por instinto ambos se mantenían a salvo. ¿Las malas noticias? Las respuestas aprendidas al estrés pueden permanecer más adelante en la vida, continuando incluso cuando no existe una amenaza real.

Recuerda, hablar en público no es una amenaza real. Para ti, que quieres ser un orador, la buena noticia es que las funciones primitivas de tu cerebro se pueden entrenar como un depredador salvaje en una jaula. Tu mente es el amo de la bestia.

¿Alguna vez has visto una película en la que el personaje principal está a punto de subir al escenario, finalmente llega allí y luego se queda completamente en shock mientras mira a la audiencia? Bueno, eso se basa en la vida real, es una representación de FPR. Sucede tal como en las películas: tu cuerpo reacciona con FPR y terminas perdiendo el control de tus pensamientos justo después de que tu cuerpo se apaga. Ahora que sabes sobre FPR, tienes que saber que, como cualquier cosa, se puede superar.

El miedo sofoca la expresión

El lenguaje corporal puede combatir el FPR. Se trata de demostrar que tienes confianza, especialmente si estás nervioso. Nada retrata la confianza tan bien como una fuerte presencia física. Los humanos inconscientemente asimilan el lenguaje corporal de otras personas, todos los días. Nuestros hábitos continuos de leer el lenguaje corporal es la razón por la cual, a veces, las comunicaciones de manera remota, como escribir o enviar mensajes de texto, pueden dar lugar a malos entendidos, todo se debe a que no hay un lenguaje corporal que podamos agregar al significado de las palabras que leemos. Al hablar en público, la mayoría de las personas pueden interpretar correctamente una sonrisa, un abrazo, gestos con las manos o el dar un paso hacia adelante, como símbolos de confianza. Sin embargo, cuando aparece el miedo, perderás la capacidad de controlar el lenguaje de tu cuerpo, lo que puede ser perjudicial para ti mientras hablas en público.

Puede requerir mucho esfuerzo mantener el contacto visual cuando estás nervioso. Después de todo, cuando la adrenalina del FPR corre por tu cuerpo, todo lo que quieres hacer es correr y esconderte. Si no mantienes contacto visual, podría parecer que estás tratando de evitar a tu audiencia. Siempre debes de recordar que la audiencia invirtió su tiempo y esfuerzo en reunirse para escuchar tu mensaje. Si sienten que quieres evitarlos, en lugar de empatizar con tu ansiedad, podrían ver tu mensaje como si no mereciera su atención, qué es justo lo opuesto a lo que quieres lograr.

El lenguaje corporal es muy significativo, porque puede alentar el respeto y la participación de tu audiencia. Por lo tanto, asegúrate de utilizar movimientos corporales significativos y espontáneos, como gestos con las manos, ya que estos dirigirán los ojos de todos hacia donde tú quieras, mientras te ayudan a comunicar tu presentación de manera efectiva. Por ejemplo, los oradores persuasivos a menudo desarrollan intensidad con solo un paso hacia atrás en el podio, antes de fomentar la motivación abriendo los brazos.

Ceder ante tu nerviosismo solo hará que tu cuerpo comience a cerrarse naturalmente sobre sí mismo, como si estuvieras tratando de jugar a las escondidas a simple vista. Esto se muestra en tu lenguaje corporal como hombros caídos, cabeza baja y brazos cruzados, lo que le muestra a tu audiencia que te sientes incómodo. Subconscientemente, ellos traducirán lo que ven en dudas sobre la veracidad de tu mensaje. Tu expresión, ya sea a través del lenguaje corporal o gestos faciales, puede ser la diferencia entre que tu presentación o tu discurso sea bueno o sea malo. No puedes evitar emitir señales no verbales, por lo que si el miedo ahoga tu capacidad de expresión y hace que tu cuerpo se cierre naturalmente, una audiencia distraída puede que no escuche las palabras que preparaste para ellos.

El miedo interrumpe la conexión

Quieres conectarte con tu audiencia. Déjame arreglar esa última declaración. Tú necesitas conectar con el público, por medio de un discurso o presentación acertados. Estoy seguro de que lo sabes, estoy seguro de que estás buscando ese fuego que te ayudará a encender a la audiencia en llamas, todo mientras solo usas tus palabras. Esta es la conexión que solo se puede hacer cuando te sientes seguro y estás presente. El problema es que el miedo afectará tu capacidad para hacer esto.

El miedo no solo destruye todo tu cuerpo con las sensaciones físicas, sino que tu mente se silencia. Es por eso que puedes olvidar tus palabras o perder la línea de tu pensamiento cuando estás nervioso. Nada realmente se conecta cuando el miedo toma el volante. El FPR es un factor, pero también lo son los sensores neurológicos en tu mente. Cuando el miedo se hace cargo, nos resulta difícil leer las señales, tanto verbales como no verbales. Eso quiere decir que te resultará más difícil leer a tu audiencia.

No importa si solo estás hablando en una pequeña sala de juntas, con compañeros de trabajo o haciendo una charla TED, estoy seguro de que conectarse con la audiencia es de suma importancia. Permitir que el miedo tome el volante cuando intentas navegar es como pedir tener problemas.

El miedo afecta tu salud mental

Cuando se trata de hablar en público, tu salud mental es increíblemente importante. Después de todo, quieres estar en tu mejor estado para presentarte. Estar en alerta constantemente afectará tu salud de manera negativa y, a su vez, interrumpirá tus presentaciones. No puedes esperar motivar a una multitud si sufres de miedo y ansiedad solo por estar cerca de ellos. No es fácil salir de un problema de salud mental, pero debes buscar formas de mejorarlo.

Más allá del aspecto visual, de lo que el miedo le hace a tu lenguaje corporal, puede afectar tu presentación más allá de lo que se ve a simple vista. Cuando practicas para tu discurso, a menudo revisas ciertas oraciones e información repetidamente.

El miedo interrumpe tu memoria al debilitar la capacidad de formar recuerdos a largo plazo. Esta es una de las razones por las que tienes dificultades para recordar ciertas palabras, frases, hechos o palabras clave. Los estudios encontraron que la ansiedad perjudica los recuerdos, lo que afecta las relaciones laborales y personales.

Para poder expresar tu mensaje completamente, no tengas miedo

La expresividad no se trata solo de enfatizar palabras y frases o comportarse de manera exagerada. Has conocido a personas expresivas, sabes cómo estas personas afectan a los demás: todos en la sala les prestan atención. Tienen algo en ellos que atrae a las personas. Por lo general, usan diferentes tonos vocales, aumentan las pausas e hipnotizan con una multitud de gestos y expresiones faciales. Ser expresivo no se trata sólo de divulgar todas las historias de tu vida a tu audiencia, se trata de la forma en que te presentas. Entiendo que existe el temor de que puedas parecer demasiado emocional o poco profesional, pero ese no es siempre el caso, especialmente si eres expresivo de la manera correcta.

La expresión, como la describo aquí, se trata más de ser articulado, que lo que estás diciendo esté ligado a tus propias emociones. La gente interpreta este tipo de sinceridad como auténtica, entraremos al tema de la autenticidad en el próximo capítulo. Cuando eres expresivo, tu voz transmite un significado con respecto a tu tema, siempre parecerás más carismático y apasionado, porque tu voz y tu cuerpo van a respaldar tus palabras.

No lo puedes negar: ser expresivo es una de las mejores formas de cautivar a la audiencia. Mediante el uso de movimientos fluidos, mezclados con gestos significativos y la forma atractiva en que usas tu voz, puedes atraer la atención de la audiencia en todo momento. Liberar tu miedo te permite exudar valentía, te permite superar la rigidez, eliminar las barreras entre ti y tu audiencia y te permite conectarte. Cuando eres tú mismo, encontrarás que te sientes en tu estado natural en el escenario.

Por supuesto, ya sabes que ser uno mismo no siempre es simple. Una gran manera de ser tú mismo, puede ser participar en la presentación, ¡literalmente! Siéntete libre de compartir historias de tu propia vida, o contar a todos cómo te sientes acerca del producto o la situación en cuestión que estás presentando. Notarás que una vez que comiences a hacer esto, puede convertirse en un proceso más relajado, porque es como si estuvieras compartiendo un momento con amigos. Recuerda que la audiencia quiere que llenes su tiempo de manera significativa, conocerte puede ser la conexión importante que buscan antes de aceptar tu mensaje.

De despedido a contratado - Perfil - Oprah Winfrey

Ahora sé lo que debes estar pensando: ¿cómo podría fallar Oprah Winfrey? Su nombre es mundialmente conocido y su historia es considerada una historia de éxito. Ella posee un imperio completamente construido sobre su nombre. Oprah Winfrey es la increíble presentadora de un programa de entrevistas que se convirtió en autora, actriz nominada al Oscar y magnate de la televisión, que posee su propio canal y produce programas de televisión vistos en todo el mundo. Es conocida por su increíble voz y por poder entrevistar incluso a las personas más difíciles. Entonces, ¿cómo es que esta increíble mujer alguna vez falló?

Bueno, Oprah fue joven una vez y, antes de ser la mujer que es ahora, fue despedida de su trabajo como reportera de noticias WJZ-TV en Baltimore. Si, eso es correcto. Oprah Winfrey fue despedida. Fue un momento difícil para la presentadora del programa de entrevistas, que acababa de comenzar su carrera.

"Me estremeció hasta el fondo", recordó años después.

A Oprah le dijeron que no era "apta para la televisión". Si hubiera escuchado a su jefe anterior, nunca habría tenido la vida que ha construido. Ella superó su miedo y volvió a la televisión de todos modos. Se mudó y se convirtió en la voz de un programa de entrevistas fallido llamado *People Are Talking*. Aún así, Oprah se convertiría en la mujer ambiciosa y exitosa que todos conocemos hoy.

CAPÍTULO TRES:

Valentía en las selvas modernas

Ahora que tienes una idea de lo que el miedo puede hacerte, ¡comencemos a ganar confianza mientras hablas en público! Estos son los conceptos centrales que te ayudarán a fortalecerte, para que ninguna cantidad de miedo te derribe. He visto a clientes implementar esto a lo largo de los años y veo el éxito en todos sus eventos de oratoria. Requiere mucha práctica y control, ¡pero no tengo dudas de que tú puedes lograr esos mismos resultados! Tú puedes superar tu miedo escénico y aprender cómo tomar el control cuando te sumes a esta etapa. Todo lo que comienza tiene que construirse primero.

Pasos prácticos para deshacerse del miedo y del miedo escénico

El miedo y el miedo escénico van de la mano, ya que uno no puede existir sin el otro. El miedo escénico se define como el nerviosismo antes o durante una aparición ante una audiencia. Es un sentimiento debilitante que ocurre no solo en tu mente sino también en tu cuerpo. Aparece y hace que pierdas la fe y la confianza en ti mismo más rápido que cualquier otra emoción.

El miedo escénico puede ser frustrante al tener que lidiar con él día tras día. Especialmente si quieres tener éxito en ciertas áreas. Después de todo, el miedo escénico puede hacer que falles en una tarea o pierdas una promoción. ¡Es como si su prioridad número uno fuera detenerte!

Nunca debes de sentirte avergonzado si lo padeces. Como mencioné anteriormente, las encuestas han demostrado que la mayoría de las personas lo sufren. Todos experimentamos miedo de una forma u otra, este simplemente es uno de los tuyos.

Sin embargo, hay más que eso. Primero, debemos comenzar con el miedo, ya que tiende a ser el enemigo número uno para quienes tienen que enfrentarse a una audiencia. Debes comenzar por comprender de dónde proviene tu miedo, para que no vuelvas a experimentarlo. Una vez que encuentres el elemento que más te moleste, puedes comenzar a trabajar en cómo aliviarlo.

Quiero que puedas implementar estos pasos en tu vida, ya que te preparan para el éxito, al tratar de conquistar tu miedo y ansiedad en el escenario. Si completas todos estos ejercicios, sé que te sentirás intrínsecamente mejor. Te debes a ti mismo probarlos y encontrar cuáles funcionan mejor para ti.

Cada uno de estos pasos sin duda tomarán algo de trabajo. Tendrás que practicarlos constantemente para que tengan un impacto a largo plazo. Tendrás que recordarlos cuando estés hablando en público, cuando estés en el trabajo o incluso cuando salgas con amigos. También deberás dedicar tiempo a ti mismo, mientras practicas cada uno de estos pasos para poder comenzar a perfeccionarlos.

Silencia a tu crítico interno

Cuando escuchamos una voz en el fondo de nuestra mente, no siempre es una voz intuitiva que te empuja hacia adelante. A veces, desafortunadamente, es la voz que escuchas cuando has cometido un error, o sientes que estás a punto de avergonzarte. Tu crítico interno a menudo aparece de la nada, incluso te mantiene despierto mientras permaneces en la cama tratando de dormir. Tu crítico interno te impide alcanzar tu potencial y te mantiene en tu zona de confort.

No hay duda de que hay momentos en los que lo necesitamos escuchar a nuestro crítico interno, como antes de hacer trampa en una prueba o gritarle a la persona que amamos. Estos son casos en los que debemos tomarnos un momento para reflexionar dónde es que nos hemos perdido. Sin embargo, estas situaciones son lejanas y escasas, tu crítico interno hace más daño que bien en tu vida diaria.

A lo largo de nuestras vidas, se convierte en una segunda naturaleza luchar por nuestras deficiencias. Incluso si no hay críticos externos, tu niño interior escucha: "No eres lo suficientemente bueno, a nadie le gustas o estás perdiendo el tiempo". ¡Pensamientos como estos, que te sabotean, no reflejan tu verdadera realidad! Creamos estos engaños sobre nosotros mismos, hasta el punto de que llegamos a usarlos como excusas para no hacer nada para mejorar.

Estoy aquí para decirte que silencies esa voz. Esa voz que emerge de tu armario de aprehensiones no eres tú. Tu crítico interno no te está haciendo ningún bien al atravesar tu mente diciéndote terribles mentiras sobre ti mismo. Ese crítico malhumorado solo te impide crecer. Si lo examinas, recordarás que esa negatividad a menudo nace de recuerdos difíciles de la infancia o encuentros infelices con personas negativas. Permitir que se reproduzca el bucle negativo va a sabotear no solo los momentos previos a un evento importante, sino tu felicidad futura, porque hará del fracaso un hábito.

Una forma de silenciar a tu crítico interno es practicando diariamente afirmaciones sobre ti mismo. En lugar de presionar la repetición automática en los ciclos negativos de tu pasado, graba nuevos guiones comenzando con "estoy mejorando en esto todos los días". Al cambiar el monólogo interno, estrangulas la negatividad. Está atento a la voz de lástima cuando aparezca y aprende a modificar esa voz por una voz potente que se adapte mejor a tus necesidades.

Como se mencionó anteriormente, igual que el miedo, debes de reconocer a tu crítico interno. Escucha lo que tiene que decir y luego haz un esfuerzo consciente para dejarlo ir. Si renuncias a las emociones unidas a esa voz, pronto olvidarás que existe en absoluto. Tu crítico interno volverá a aparecer, pero cuando lo haga, no te vas a preocupar por eso, porque ya no es necesario. Lo escucharás y luego lo dejarás ir sin sentir nada.

Si encuentras que tu voz interior es abrumadora, siempre puedes escribir lo que dice. Algunas personas llevan un diario o usan la aplicación de notas en sus teléfonos, tú puedes decidir qué es lo que más te conviene. Escribe lo que te dice tu voz interior, aunque pueda ser doloroso. Mirando tus dudas escritas, incluso podrías creerlas, sin embargo, no te rindas. Una vez que veas esas palabras escritas, vas a exponer su irracionalidad, escribiendo a su lado la verdad, por ejemplo, si escribes: "Nadie quiere escucharme", puedes editar ese guión con "Tengo algo importante que decir y la gente disfruta escuchándome".

Para superar la negatividad, hay que practicar ser positivos. Al leer afirmaciones positivas, escríbelas y comenzarán a formarse hasta que comiences a creerlas. Deja que esas palabras optimistas se conviertan en la nueva voz en tu cabeza. Repítelas para ti hasta que se conviertan en ley. Esta es una instancia en la que algunos viejos adagios, como fingir hasta que lo consigas y la práctica hace al maestro, realmente son ciertos.

Visualización

Es posible que nunca hayas oído hablar de la visualización, pero estoy seguro de que la has practicado antes sin siquiera saberlo. Si alguna vez te has imaginado caminando por un escenario y aceptando un premio, o soñando con conducir un automóvil, entonces has implementado la visualización en tu propia vida. Este es un concepto central que puedes usar para aliviar tu ansiedad antes de un gran discurso o presentación. No solo te ayudará a enfrentar los obstáculos, sino que te ayudará a imaginar cómo proceder con las situaciones de angustia, porque sentirás que ya lo has logrado.

¿Por qué usarías la visualización? Bueno, ¡la ciencia lo respalda! Los estudios han demostrado que cuando estás visualizando, el cerebro no puede decir si lo que estás experimentando es real o no. Cada vez que imaginas una situación vívidamente, la química en tu cerebro cambiará para complementar lo que estás viendo. Por ejemplo, si estás imaginando ganar un trofeo, los músculos de tus brazos comenzarán a funcionar, cuando te imagines levantando el trofeo, porque tu mente piensa que realmente está sucediendo.

Como ya sabes, el miedo a menudo puede provenir de la ansiedad de imaginar que algo malo sucederá, incluso antes de que la situación se haga realidad. En lugar de permitir que esa situación, como un brindis o una presentación, permanezca desconocida, visualízate haciéndolo. Tu visualización te hará sentir como si ya hubieras tenido éxito, ¡todo porque, técnicamente, ya lo has hecho!

Veamos cómo puedes practicar la visualización de inmediato. En primer lugar, la visualización mejor utilizada ocurre cuando estás solo, en un espacio donde sabes que estarás relajado. Elige un área de tu casa donde el silencio sea tu única audiencia. Para un enfoque verdaderamente relajado de la visualización, acuéstate en la cama o siéntate en una silla cómoda. Respira profundamente tres veces y cierra los ojos. Ve el lugar donde vas a hablar. Imagina las caras amigables que encuentras en la audiencia e imagina la riqueza de conocimiento que preparaste para esta ocasión.

Ahora, cuando empieces a imaginar cómo quieres que vaya la situación, concéntrate en las cosas pequeñas para que la escena se vuelva más vívida. Imagina qué tan cálida es la habitación, qué estás haciendo con tus manos, qué tan fuerte es tu voz. Son estos pequeños detalles los que harán la situación más realista para ti. Ten pensamientos cálidos y felices sobre esta oportunidad. Esta es tu actuación. Realmente siente las emociones que sabes que tendrás después de dar una presentación sobresaliente. También puedes sentir la emoción de capturar a la audiencia con tu discurso. Sabes que tu mensaje vale la pena, ahora imagina que otras personas están de acuerdo.

Una vez que hayas terminado tu visualización, permítete respirar lentamente y regresar a la habitación. Relájate y siente esas emociones positivas fluyendo a través de ti. Esa sensación dentro de tu pecho es orgullo y confianza. ¡Ésto es algo bueno! Mantén ese sentimiento y llévalo contigo a tu compromiso de hablar en público.

Como orador novato, practica la visualización al menos tres veces por semana, si no es que más. El ensayo es siempre un refuerzo de la confianza. La práctica de la anticipación positiva, también mantendrá alejados esos momentos negativos que tendemos a imaginar, si no hemos entrenado nuestras emociones.

Estar en el momento

Ser consciente no es una cuestión mística. Definitivamente no voy a decirte que te pares en el escenario y cantes frente a la audiencia en una postura de loto. Se trata de estar en el momento y sentir que estás en el lugar correcto, con las personas adecuadas, que son tu audiencia. Estar en el momento es clave para dar una gran presentación.

Hasta que practiques y domines la técnica, no hay duda de que, incluso si has escuchado la frase, puede resultar difícil describir lo que implica estar en el momento y por qué es tan importante. Es algo de lo que mucha gente habla, pero a todos nos cuesta estar presentes en el momento. Entonces, ya puedo oírte preguntarme: "¿Qué quieres decir e? Estoy en este momento ahora mismo, idiota". Sí y no. Puedes pensar que estás en el momento, pero eso es todo: estás pensando. Si te enfocas tanto en los pequeños detalles, te pierdes el panorama general. Estar en el momento se trata más de ver todo, pero de filtrar cualquier distracción que interfiera con tu mensaje.

Lo describiré de esta manera: ¿alguna vez has estado en un flujo? No estoy hablando de un río donde te balanceas arriba y abajo. El flujo es cuando disfrutas tanto haciendo algo que te pierdes en el proceso y el tiempo pasa volando. Cuando estás en flujo, estás en el momento también. Generalmente hay una sensación de calma involucrada. ¡Se trata de tomarte un momento para relajar tus pensamientos!

¿Cuál es una de las primeras cosas que quieres que sucedan antes de comenzar con tu presentación? Que termine la presentación. Probablemente eso no sea lo primero que se te ocurrió, pero sé que esa idea aparece justo antes de que comiences la presentación y tu corazón salte. Recuerdo cuando era más joven y estaba en la escuela. Siempre había ese temor cuando sabía que sería mi turno de presentarme frente a la clase. Me temblaban las manos. Mi columna vertebral se convertía en gelatina. Veía al último presentador terminar y temía ponerme de pie para caminar hacia adelante. Quería que mi discurso terminará.

Entonces, mi momento pasó porque nunca estuve realmente allí. Estaba demasiado ocupado tratando de saltar ansiosamente al final de la presentación.

Es posible que te hayas encontrado en una situación similar. Tu temor te negó el poder disfrutar de tu preparación. Si estamos tan ansiosos de ser rápidos en nuestro discurso, el público lo sabe y ellos también quieren que terminemos, lo que la audiencia ve y oye de una manera rápida se vuelve aburrido. Entonces, la mejor manera de mantenerse en el momento es dar un paso atrás y evaluar lo que estás diciendo. Puedes estar atrapado con un tema de la presentación, que no te entusiasma demasiado, pero debe haber algo dinámico que puedas hacer con el mensaje para que este cobre vida. Una vez que comiences a hacerlo interesante para ti, verás que los demás quieren escuchar aún más.

Los grandes oradores a menudo hacen una pausa antes de lanzar su mensaje. Están presentes en el momento, respirando profundamente mientras la audiencia se adapta al cambio de orador. Dentro de sí mismos, esos grandes oradores encuentran un espacio mental tranquilo. Al examinar a la audiencia en busca de oyentes benevolentes, respiran por la boca y exhalan más allá de las fosas nasales, relajan los hombros y luego se hacen cargo de su oportunidad con calma. Práctica esto tantas veces como sea necesario hasta que sientas que tu corazón se relaja.

Fingir hasta que lo consigas

Fingir hasta que lo consigas. Es una frase que estoy seguro que has escuchado antes, pero puede tener un impacto duradero en tu confianza. Al igual que al editar un discurso escrito, se da forma al mensaje en un formato más estricto, lo más frecuente es que tu cuerpo actúe con confianza, para asegurarse de que te encuentres en una posición de empoderamiento, lo que puede afectar el resultado de tu presentación.

Cualquier superhéroe tiene una pose característica que se convierte en un icono en la mente de las personas. Horas de experimentos frente al espejo deben ser parte de ese fenómeno de pose, ¿verdad? Considera esto: en su famosa charla TED, Amy Cuddy, psicóloga social de Harvard

Business, compartió los efectos de cómo las poses poderosas pueden cambiar la química del cuerpo. Ella desarrolló un estudio donde los sujetos hicieron varias posturas. En uno, los sujetos alcanzaron posiciones de poder donde colocaron sus manos en sus caderas y levantaron la cabeza en alto. En el experimento adverso, los sujetos practicaron bajando la cabeza y dejando caer los hombros. Su estudio descubrió que fisiológicamente aquellos que practicaban posturas de poder experimentaron un aumento de testosterona y un cortisol más bajo, una hormona que está presente durante el estrés. Los experimentos de Cuddy demostraron que los comportamientos positivos crearon una mayor confianza química en sus sujetos. La confianza permitió a los sujetos demostrar dominio, lo que los llevó a un mayor grado de confianza. Toda esta confianza se logró solo por posar como un superhéroe.

Según el estudio de Cuddy, cuando te sientas nervioso antes de salir a esa sala de juntas o al escenario, puedes practicar una pose de poder. Párate erguido con la cabeza bien alta, coloca las manos en las caderas y abre el pecho. También puedes elegir levantar las manos como si acabaras de ganar una carrera. Estas son posturas que hacen que la testosterona en el cuerpo aumente, lo que envía una señal a tu cerebro de que se siente seguro. Es un fenómeno natural que ocurre con el cuerpo y te ayudará a aliviar a tensión de manera natural.

Mientras simulas poder, permítete sentir que ya te has convertido en un orador exitoso. Dí una manta día tras día que te ayude a sentirte de esta manera, por ejemplo, di sinceramente: "Todos me aplauden cuando entró al escenario". Es una visualización simple, pero es una forma de sentir que ya has dejado tu huella en el mundo de la oratoria. Después de un tiempo, ganarás la confianza para sobresalir, para sentir que tienes algo importante que decirle a la audiencia y no tendrás miedo de sus miradas. Conviértete en esa persona, incluso si no tienes ganas. En solo unos momentos descubrirás que tu cuerpo se alinea con esa postura y que, inconscientemente, te convertirás en la persona que finges ser. Con la práctica, puedes ser esa persona, solo es cuestión de tiempo hasta que lo seas.

No tengas miedo de aprender

Ya sabemos que no has nacido siendo un profesional para hablar en público. Claro, podrías haber sido extrovertido cuando eras niño, esto no significa que sabías cautivar multitudes. Por lo general, significaba que eras lindo y que te gustaba ser el centro de atención en las bodas. Nadie se despierta a la edad de tres años y decide ser un gran orador público, quiere ser un veterinario, claro. ¿Un bombero? Sí, eso suena bien. ¿El tipo de persona que puede pararse frente a una multitud y sorprenderlos con su voz, intelecto y un vocabulario poderoso? Realmente no. Sin embargo, esto es lo hermoso de hablar en público: puedes aprender sobre la marcha. La oratoria está destinada a ser una habilidad aprendida que evoluciona mientras más la practicas.

Hablar en público es un arte antiguo, pero aprender hoy en día a ser efectivo implica aprender nuevas estrategias que cambian rápidamente. No importa la circunstancia, siempre debes estar aprendiendo. Con la sociedad cambiando y adaptándose, asegúrate de conocer al mundo en sus propios términos. Incluso cuando crees que has terminado de aprender una nueva habilidad, siempre hay algo nuevo que surge. Cuando se trata de hablar en público, existe una gran diversidad con la tecnología involucrada en las presentaciones. Continuar perfeccionando tus habilidades te permitirá tener éxito en el futuro. Siempre debes aprender nuevas ventajas: esa es la única forma de convertirte en un profesional.

Los profesionales se adaptan y nunca dejan que el miedo intervenga. A menudo, cuando nos enfrentamos a algo nuevo y desafiante, es fácil postergar el momento. Es difícil decidirse, levantar la mano y decir: "¡Sí, quiero cometer errores!". El problema es que cometerás errores, tus imperfecciones van a ser expuestas, pero harán que te esfuerces más. Si ya te esfuerzas tanto como puedes, las adaptaciones sin duda pueden llevarte al borde de tu zona de confort, es por eso que puede aparecer de nuevo el miedo: el monstruo de FRP sabe que estás nervioso. Debes superarlo y desarrollar tus habilidades de todos modos.

Practica hablar más en público, así serás mejor. Recuerda, no existe una amenaza real para tener que ponerse nervioso. No hay tigres reales. Date un poco de espacio para sentir esos nervios y acéptalos, domestica tus miedos. ¡Aprenderás a dominar el arte de hablar en público y eso es parte de la diversión! Aprender nuevas habilidades fortalece nuestra salud mental y nuestra sensación de bienestar. Entonces, diviértete con eso. Practica hasta que te duela la voz. Haz esas poses poderosas. Imagínate hablando con cientos de personas e inspirando a una multitud. Si haces todas estas cosas, descubrirás que ya eres esa persona en la que estabas buscando convertirte, solo necesitas perfeccionar tus habilidades. Es como Bruce Lee dijo una vez: "Saber no es suficiente, debemos practicar. Estar dispuesto no es suficiente, debemos hacer."

Cree en ti mismo

Es una frase que todos hemos escuchado: cree en ti mismo. Desde que eras pequeño, la gente lo ha dicho. Está en carteles, en películas y en libros. Es una frase usada en exceso que, en este momento, ya no parece tener mucho significado, excepto para aquellas personas que profesionalmente practican ejercicio. A diferencia del atleta cuyas partes del cuerpo pueden desgastarse, la práctica constante de la autoconfianza solo se fortalece. Encuentra a alguien que crea en sí mismo y ve cómo la audiencia responde a esa confianza. Tú puedes ser igual de dinámico.

La comparación agota la confianza

Digamos, hipotéticamente, que tienes el compromiso de hablar en una convención. El riesgo es que tu turno es después de una persona con una habilidad tan grande para hablar en público, que parece un superhéroe. Si la respuesta de la multitud te dijo que amaba a ese hombre, puedes comenzar a golpear tu cabeza contra la pared, antes de llegar al podio, temiendo que no seas tan bueno. Recuerda, es demasiado tarde para comparar tus notas y tu ayuda visual con la de él. La duda es lo que sucede cuando nos comparamos con los demás. Nunca te engañes creyendo que alguien es mejor que tú porque crees que lo es. Es posible que sea un poco más hábil, pero tú eres único y tu presentación merece ser escuchada. Tu voz importa. Nadie puede quitarte eso, excepto tú.

Deje de lado la comparación, concéntrate en tu propio trabajo y ponte de pie, sabiendo que tienes algo nuevo que decir.

Actitud de gratitud

Cuando comiences a practicar la gratitud en tu vida, comenzarás a notar cambios sutiles en tu actitud cotidiana. Comienza poco a poco, pero crece gradualmente a medida que practicas. Probablemente te estés preguntando qué tiene que ver ser agradecido con tu capacidad de creer en ti mismo. Sé que parecen temas separados, pero en realidad no lo son. Ser capaz de mostrar gratitud por las pequeñas cosas en tu vida comenzará a sacarte de un lugar de autocompasión. No solo te ayudará a desarrollar una actitud positiva, sino que descubrirás que hay más para ti que solo los aspectos negativos. Esto es crucial para construir alegría en tu vida.

Puedes elegir escribir varias cosas por las que estés agradecido por la mañana y así comenzar tu día. También puedes elegir hacerlo justo antes de tu próximo compromiso para hablar en público. Si sientes que tus nervios se apoderan de ti, siempre puedes elegir comenzar una lista mental de las cosas por las que estás agradecido. Estas pueden variar desde el lugar que has reservado, tu trabajo o incluso el atuendo que llevas puesto. Descubrirás que no solo te ayudará a relajarte, sino que creerás que mereces estar allí, todo porque estás agradecido.

La celebridad que tropezó, solo para resucitar - Perfil - Steve Harvey

Es encantador, divertido y es el presentador de su propio programa de televisión. Es un nombre que nos resulta familiar porque ha escrito libros y ha hablado con multitudes durante la mayor parte de su carrera. Sin embargo, una noche cometió un error que se escuchó en todo el mundo. Cuando Steve Harvey asumió el papel de anfitrión de Miss Universo en 2015, no esperaba cometer un error catastrófico. Al anunciar la ganadora del certamen de Miss Universo, accidentalmente anunció el nombre de la concursante equivocada. Prontamente y, en televisión en vivo, Harvey reconoció su error, se disculpó y corrigió el nombre de la ganadora, se retractó de esos 15 segundos de error ante una audiencia internacional.

Las próximas semanas serían las más difíciles en la carrera de Steve Harvey. Los tabloides de todo el mundo anunciaron su error en grandes letras negras. En las semanas siguientes, Harvey se encontró a sí mismo como el hazmerreír de los canales de noticias y los comediantes, su error apareció repetidamente en la portada de revistas para que todo el mundo lo viera. Incluso su inocente familia no se salvó, recibiendo amenazas de muerte por el error involuntario de Harvey en el escenario. Por supuesto, eso puso a Harvey en una posición que nunca antes había sentido.

Admitiendo su parte de responsabilidad en la equivocación del anuncio, tomó medidas el mismo año para capitalizar su error y, por lo tanto, causó otro alboroto. En lugar de desvanecerse en la humillación, Harvey fue el presentador en el concurso de Miss Universo al año siguiente e hizo bromas sobre su difícil situación. Tomó todo su miedo, lo embotello, lo dejó a un lado 12 meses y salió al escenario. Valientemente, Harvey contó chistes sobre sí mismo a lo largo de un concurso perfecto. Una de las bromas fue una parodia con la ex Miss Universo, quien le entregó un par de lentes antes del gran anuncio. El buen humor y su fuerza profesional, le permitieron a Harvey dejar todo el espectáculo del error en el pasado. Todo porque salió al mismo escenario en el que cometió un error, que casi hunde su carrera.

CAPÍTULO CUATRO:

Desarrollando habilidades de comunicación

No puedes convertirte en un orador público de renombre sin poder comunicarte con tu audiencia. Saber cómo adaptar, conectar y emocionar a tu audiencia te llevará a ser el mejor presentador que puedas ser.

La comunicación es acerca de la conexión

Quiero que pienses en un amigo cercano tuyo. ¿Qué es lo que hace que sean amigos? ¿Son las cosas que hacen juntos? ¿Quizás a los dos les gusten las mismas bandas? Déjame responderte esto, ya que estoy seguro de que lo estás pensando ahora mismo: ¡No, no es eso! Lo que nos hace preocuparnos por las personas y sus situaciones no son las personas en sí mismas, sino a menudo la conexión que tenemos con esas personas. Puedes escuchar una canción determinada y disfrutarla. Sin embargo, a menudo se trata de sentirte conectado con esa canción en ese momento. Algo sobre esa canción te conmueve. Eso es lo que hace un gran orador público. Si puedes conectarte con tu audiencia y quiero decir, realmente conectarte con ellos, entonces podrás tener una presentación exitosa.

Pero, ¿cómo puedes conectarte con completos extraños? No es como si fueras a tomar una copa con ellos después de la reunión y hablar sobre ese programa de televisión que ambos ven. No, eso sería tener una conexión definitivamente, pero no sería a causa de tu presentación. Quieres poder conectar con ellos desde el escenario, lo cual es aún más difícil de hacer.

Cómo adaptarse a una audiencia

Bueno. Has tenido esos días en los que quieres meter tu cabeza en un agujero por algo que dijiste o que hiciste. Esto podría suceder por decir un mal chiste frente a un grupo de amigos o darle a un cliente la cantidad incorrecta de cambio. De todos modos, ¿adivina qué? ¡Todos hemos estado allí! Especialmente con malas presentaciones. Ya sea en tu niñez, o incluso ahora, es probable que te hayas visto obligado a sentarte durante una presentación, que te hizo quedarte dormido o querer saltar de tu asiento y correr hacia la puerta por aburrimiento. Hay algunas razones por las que esas presentaciones fueron tan malas. Los presentadores podrían haber sido demasiado exagerados al tratar de venderte algo, quizás la persona que hizo la presentación no tenía carisma, o tal vez la presentación fue media hora más larga de lo que debió ser. Realmente no importa. Te sentaste allí queriendo recuperar tu tiempo.

Como oradores, ciertamente queremos evitar castigar a nuestra audiencia como alguna vez fuimos nosotros castigados. Afortunadamente, esas presentaciones que nos castigan son raras, con mayor frecuencia, cuando suceden, la verdadera causa es que el orador no pudo adaptar su presentación a la audiencia. La habilidad para hablar puede ser una razón real para tener presentaciones memorablemente malas. Por ejemplo, cuando eras más joven, tal vez uno de tus compañeros de clase hablaba mucho más de lo que necesitaba hacerlo, o no hacía que el tema fuera interesante porque no incluía algo de pasión y conocimiento. ¿Cuál es la característica definitiva aquí? Bueno, es la falta de entretenimiento para un público más joven. ¡Un grupo de jóvenes estudiantes no querrá quedarse quieto durante tanto tiempo escuchando a alguien sin una voz adecuada! Por supuesto, la presentación será horrible.

Pero, tú, el que busca habilidades oratorias, no eres ese presentador asustado y torpe. Aún así, ten esto en cuenta: hablar en público no se trata de ti, se trata de la audiencia. Ahora, repite esa regla varias veces hasta que se cumpla, porque es vital para un gran discurso o presentación.

Conócelos antes

Por el bien de la audiencia y el eventual respeto que le darán a tu presentación, haz estas adaptaciones. (Por cierto, estas habilidades de conexión profesional también funcionan en la vida y en relaciones cotidianas). Primero, conoce quién es tu audiencia. No importa qué tipo de presentación hagas, debes de saber todo lo que puedas sobre la demografía de tu público. Esto significa que quieres conocerlos. Esta es la única forma en que tu discurso o presentación podrá satisfacer sus necesidades y los mantendrá cautivados. Nadie espera que sigas sus perfiles en las redes sociales, solo estudia a las personas. Cuando sea posible, investiga los antecedentes del grupo al que te estás presentando, descubre por qué se asocian entre sí. Si las circunstancias son más íntimas y existe la oportunidad, antes de entrar, preséntate en la puerta. De esta manera, si no estás seguro de qué tipo de audiencia tienes, el contacto visual y algunas palabras de saludo pueden ayudarte a evaluar los antecedentes y edades generales de la audiencia a medida que entran.

Hablar su idioma

La forma en que hablas debe guiarse por a quién le estás hablando. Por ejemplo, la forma en que hablas con tu jefe será muy diferente de la forma en que hablas con tus amigos en el bar. Al hablar en público, los antecedentes de la audiencia pueden dictar el idioma, el tono y las opciones de las palabras. Los profesores jubilados necesitarán oírte de manera diferente de la forma en que hablarías con un grupo de estudiantes de oficios de construcción de escuelas secundarias. Si puedes averiguar sus datos demográficos, encontrarás tu voz mientras hablas con ellos. Así puedes regular tu tono, lo que dices y cómo lo dices. De esta manera, puedes ajustar tu presentación a la perfección. Te ayuda a definir qué tipo de palabras vas a usar. Si no estás seguro acerca de su demografía antes de entrar en la presentación, haz declaraciones generales pero establece algunos puntos clave para adaptarte. Parte de esto se puede hacer mediante una encuesta de participación del público. Haz que la audiencia participe en tu presentación haciendo preguntas retóricas, no amenazantes, que pueden ayudar a indicar sus preferencias de respuestas. Pedirle al público que participe en encuestas escritas, después del evento, puede recopilar datos que puedes usar para adaptar futuras presentaciones. La idea es conseguir conexiones con la audiencia sin ser intrusivo. El beneficio adicional es que recopilar información hace que la audiencia piense acerca de lo que estás presentando.

Saber más

Por lo general, estás programado para hablar en un lugar específico. Si no estás seguro sobre el área y la demografía típica, siempre puedes preguntarle al organizador sobre el tipo de audiencias que acuden. Puedes averiguar a qué típicamente responden y conocer el tipo de personas que frecuentan el lugar. Si se trata de una reunión profesional, con otra agencia o con un cliente, siempre puedes preguntarle al gerente qué puedes esperar, así puedes familiarizarte con ellos de antemano para estar mejor preparado. El punto es: nunca tengas miedo de preguntar, esto puede ayudarte a largo plazo.

Conócelos

No puedes establecer una conexión con algunas personas sin conocerlas formalmente primero. Hay una multitud de formas en que puedes hacer esto. Puedes conocerlos después y durante la presentación para que puedas saber qué tipo de grupo demográfico está interesado en tu tema. Siéntete libre de hacer preguntas a la audiencia, crear una encuesta o presentarte, si algunas personas te están esperando después de la exposición. Esto hace toda la diferencia y te ayuda a comportarte mejor frente al público. También puedes elegir una opción que funcione mejor con tu presentación y con la que te sientas más cómodo. Esto también logra que la presentación se sienta más personal para la audiencia, porque ahora tienen un interés personal en el tema, lo cual los hace más receptivos.

Ellos quieren que triunfes

La multitud puede ser vista como el enemigo cuando se trata de hablar en público y puede hacer que te sientas abrumado al salir al escenario. Estoy seguro de que recuerdas los consejos estereotipados que se dicen: imagina que la audiencia está desnuda. Bueno, en realidad no hagas eso. Hablar en público puede ser aterrador, es como caminar hacia una guillotina. Siempre existe la suposición de que seremos juzgados en el momento en que salgamos, con todos esos ojos puestos en nosotros, pensamos que cualquier error será recordado para siempre. Afortunadamente, ese no es siempre el caso.

Te sorprendería saber que la audiencia no siempre está en tu contra. Algunos quieren entretenerse, mientras que otros están allí para aprender. No quieren que te equivoques delante de ellos, es todo lo contrario, quieren verte triunfar. Esto es lo opuesto de lo que normalmente aprendemos de las películas y de los libros. Por lo general, el personaje principal es menospreciado frente a una multitud, como Carrie de Stephen King. Sin embargo, en la vida real no sucede de esa manera.

Quiero que pienses cuando eras parte de una audiencia. Cuando ves que el altavoz se estropea, no te burlas automáticamente del presentador, esta no es una comedia de stand-up donde puedes molestar al comediante para este té note. No, esto está en un nivel completamente diferente. La reacción típica que tiene la multitud frente a alguien que ha olvidado sus líneas, no es querer reprender a la persona, es lo contrario, se sienten mal por él. Quieren que simplemente tropiece y continúe desde donde lo dejó. Hay una sensación que inunda a toda la multitud cuando esto sucede.

Entonces, para adaptarte a la audiencia, siempre debes de recordar que ellos quieren verte ganar. Están ahí para entretenerse. No están pensando en cómo vas a fallar frente a ellos y lo grandioso que eso será. Me atrevería a decir que te están apoyando. No entres asumiendo que te diriges a una sentencia de muerte, es todo menos eso, vas a salir para ganar.

Comunicación verbal

¿Qué implica la comunicación verbal? Bueno, se compone esencialmente de tus palabras y de tu voz. Al utilizar ambos con fluidez, descubrirás que es como un director de orquesta dirigiendo una sinfonía.

Las opciones de palabras y el tono de voz, representan la mitad de la batalla para poder ganar a la audiencia. Físicamente, si tu voz ocupa el cincuenta por ciento de tu comunicación, esto podría ser suficiente para cautivar a los oyentes, incluso si tu otro cincuenta por ciento (el lenguaje corporal) no está a la altura.

Cuando menciono la voz y las palabras, no estoy hablando del contenido de tu discurso. Ese es un tema completamente diferente. Cuando hablo de comunicación verbal, estoy hablando de tu tono, la velocidad de tus palabras y el volumen de tu voz. Cada uno de estas cosas es crucial para hablar en público, sin importar si el micrófono está encendido o no. Por ejemplo, si tu voz es demasiado baja y no se proyecta lo suficientemente bien, existe la posibilidad de que algunas personas no la escuchen. Además, la mala articulación, la mala claridad de la pronunciación, pueden confundir al público y hacer que se pregunten por qué se van a molestar en tratar de escucharte. Por lo tanto, las habilidades verbales son realmente importantes: no solo estas habilidades serán inclusivas para todos, sino que una voz distintiva para hablar también puede mantener la atención de todos.

Pausando

Pausa. Continúa. Pausa. Continua. Con sólo leer esas palabras, tu mente se detiene automáticamente. Cuando le hablas a una audiencia, sucede lo mismo. Puedes pausar cuando hablas para mantener a tu audiencia al borde de sus asientos. Hay algunas pausas diferentes que puedes usar para obtener mejores resultados. La mayoría de estas pausas se pueden usar en cualquier cosa: una presentación, un discurso o incluso durante una reunión. Sin embargo, asegúrate de usarlas mínimamente y mantén las pausas cortas. Una pausa intencional que se mantiene demasiado tiempo, se convierte en una pausa incómoda, que es lo último que quieres. Asegúrate de que las pausas sean más cortas que 4-5 segundos. Un poco más y el cerebro de la audiencia podría moverse hacia nuevas distracciones. Asegúrate de conocer los distintos tipos de pausas:

- Pausa reflexiva: es cuando utilizas una pausa para que el público reflexione sobre lo que acabas de decir. Para lograr esto, pide a la audiencia que reflexione sobre el tema en cuestión. Puedes decir algo como: "Ahora, nos tomaremos un minuto para pensar cómo esto te afectará".

- Pausa dramática: esta pausa se usa cuando buscas agregar efecto a lo que has estado diciendo. Por lo general, esta pausa se usa para que el público contenga la respiración y tensar el ambiente justo antes de un remate o una declaración dramática.

- Pausa de tema: esta pausa proporciona transiciones entre temas. No alargues demasiado esta pausa si solo quieres que tu audiencia comprenda que estás cambiando el enfoque de un área a otra.

- Pausa visual: ¿estás a punto de presentar un nuevo apoyo visual, poco después de hablar sobre un tema diferente? No importa si se trata del número de ventas acumuladas en forma de gráfico o una imagen de algo relacionado con tu mensaje central, siempre puedes hacer una pausa entre las pantallas visuales. Esto permite que tu audiencia asimile la información antes de comenzar a hablar sobre ella de inmediato.

¿Alguna vez has estado en un teatro y justo cuando el aterrador villano está a punto de salir, todos se callan, esperando el momento? Eso es lo que sucede cuando usas pausas de manera efectiva. Asegúrate de incorporarlas para establecer tensión en la habitación.

Ralentizándo

Tu tema es importante para ti, sin importar si es un tema profesional o un tema informativo. Haz hincapié en tu tema y dirige a la audiencia sin que se den cuenta, disminuyendo la forma en que hablas y articulas tus palabras. Disminuir la velocidad también ejerce poder sobre tus nervios y demuestra que tienes autoridad sobre el tema en cuestión. La alteración del ritmo vocal es agradable para los oyentes y les da tiempo para reflexionar sobre el tema.

Nunca apresures tus palabras a un ritmo tal que el tono de tu voz se intensifique con tensión. El público interpreta palabras rápidas como algo sin importancia, comercial o trivial, que se puede pasar por alto fácilmente. Tu presentas a la audiencia qué información es más significativa, qué declaraciones son más creíbles y qué partes de la presentación son más apreciables, todo disminuyendo la velocidad.

Énfasis

Puedes obtener una oración completamente nueva simplemente enfatizando ciertas palabras. Ayuda a agregar variedad y puede aclarar tu mensaje central a más personas. Ve estos ejemplos:

- El <u>futuro</u> está en nuestras manos.
- El futuro está en <u>nuestras</u> manos.

Por lo tanto, enfatiza los temas claves de tu presentación. El énfasis será particularmente importante en tus observaciones finales, allí querrás resumir, motivar o hacer que tu audiencia piense. Puedes obtener dos resultados muy diferentes cambiando tu tono hacia una palabra en particular, así que asegúrate de practicar en cuál te estás enfocando.

Tono

El tono de voz transmite emociones para que esas emociones se entiendan claramente. Como un actor, debes practicar diferentes tonos, timbres y fuerza vocal para que coincida con tu mensaje. Por ejemplo, si quieres transmitir tristeza por algo, puedes bajar tu tono a un tono más profundo, agregar un temblor en tus cuerdas vocales y ejecutar un susurro escénico. Si estás buscando hacer que todos se enojen por tu tema, puedes aumentar el tono de tu voz mientras resuena desde tu pecho y se proyecta hacia las filas traseras del lugar. En general, especialmente al hablar sobre un tema informativo, recuerda mantener tu tono general de manera agradable de escuchar. Al practicar, la tecnología moderna permite a la mayoría de las personas grabar sus voces para que escuchen cómo el público percibe su voz. Puedes hacer lo mismo si no estás seguro si estás utilizando el tono correcto.

Comunicación no verbal

Nuestro subconsciente capta automáticamente el lenguaje corporal. De hecho, también hay quienes leen el lenguaje corporal para ganarse la vida. Esto se debe a que cada persona, sin importar quién sea, tiene un lenguaje corporal subjetivo de cómo se siente y qué está haciendo. Esto es increíblemente importante, especialmente cuando hay personas mirando. Es por eso que siempres debes de tener en cuenta que tu cuerpo cuenta una historia, junto con tus palabras y la forma en la que hablas.

Se trata de tener el control de tu cuerpo. Entonces, incluso si te estás volviendo loco en tu interior, ¡puedes lograr que tu cuerpo diga algo completamente diferente! Hay pequeñas áreas en las que puedes concentrarte para maximizar los efectos de tu lenguaje corporal en la audiencia.

Manos

Muy bien, pasemos a la parte obvia: tus manos. Quieres hablar con tus manos. Los estudios han encontrado que los oradores de conversación TED más populares usaban aproximadamente 465 gestos con las manos, casi el doble de la cantidad de aquellos que no eran tan populares. ¡Entonces, integra tus manos! Puedes descubrir que aquellas personas que hablan con sus manos pueden distraerte un poco, lo cual es comprensible, ya que a menudo están frente a ti y hablan frente a frente, por lo cual no dejas de ver sus manos. Sin embargo, al hablar en público esto es algo bueno: ya que quieres mantener los ojos de las personas sobre ti.

Los movimientos de las manos no solo te permiten transmitir mejor tu mensaje, sino que las manos pueden ser una excelente manera de atraer la atención de la audiencia a detalles particulares que tal vez no hayan notado. Por ejemplo, durante un discurso de boda, por lo general, la persona que realiza el brindis mantiene su vaso en la mano.. Esto les da a todos en la sala, la anticipación de cuándo ellos levantarán sus copas para brindar por la pareja. Este es un ejemplo social en donde el público comprende el lenguaje corporal y los gestos.

Al ensayar tu presentación, incorpora conscientemente suficientes movimientos de las manos para mantener los ojos de cualquier persona sobre el tablero de tu presentación, o hacia tu cara cuando quieres expresar algo importante. Usa tus gestos con las manos para enfatizar tus palabras y encontrarás que al hablar en público te sentirás más natural.

Ojos

Mantener el contacto visual es probablemente el consejo más importante dado a cualquier persona interesada en dominar el poder hablar en público. El contacto visual también puede ser la táctica más difícil de aprender para los tímidos. La confianza emana del contacto visual directo, por lo que los nuevos oradores deben encontrar ojos amigables en un escaneo rápido de la audiencia y hablar con ellos. El impacto de establecer ese contacto uno a uno se extenderá entre los oyentes, manteniendo su atención. Además, tus ojos, cuando se usan correctamente, pueden atraer a aquellas personas de la audiencia que pueden no estar prestando atención a tu mensaje. Después de todo, si estás mirando al piso todo el tiempo, encontrarás que la audiencia se aburrirá rápidamente.

Los ojos comunican las intenciones de las personas, ya que a veces pueden ser la parte más expresiva de nuestra cara. Cuando hacemos contacto visual, asumimos automáticamente que la persona con la que estamos hablando tiene una confianza igual a la nuestra. Esto es válido tanto si participas como orador u oyente. Debes tener en cuenta el contacto visual, incluso si hablas con una gran audiencia. Escudriña al público y asimila sus expresiones. Reconocer a las personas puede ser una excelente manera de mantener su atención.

Al igual que con muchas de nuestras comunicaciones no verbales, los oradores experimentados hacen contacto visual subconscientemente. Entre nuestros receptores más íntimos, rara vez planificamos nuestros mensajes oculares. Por ejemplo, cuando estás enojado con alguien, puedes mirarlo de reojo. Cuando ves a alguien molesto, ni siquiera necesitas ver su expresión corporal, todo lo que necesitas es ver sus ojos. Por lo tanto, como orador, quieres mantener un contacto visual correcto.

Mantén los ojos suaves y abiertos para que el público sienta que no los juzgas o que eres antagónico con ellos. ¿Quién necesita una habitación llena de oyentes antagonistas?

Postura

Mírate en el espejo y párate como lo haces normalmente. Esa es tu postura promedio, y aunque puede ser cómoda para ti, no suele ser la postura que necesitas tener mientras hablas en público. Cuando estás parado frente a una multitud, es mejor usar una postura de hablar en público.

Idealmente, un buen orador tiene la espalda recta. Debes pararte con una ligera inclinación hacia la audiencia como si las personas en la sala estuvieran tirando de tu corazón. ¡Tener una postura abierta y de aceptación es demostrar que no eres tan rígido! Quieres utilizar todo tu cuerpo para comunicarte con la audiencia, así que practica tu postura antes de salir al escenario. Esta postura a menudo conduce a la autoridad y a la confianza, por lo cual es perfecta para hablar en público.

Energía

Perfeccionar una presencia enérgica no significa que tengas que hacer volteretas antes de tu presentación o entretener a la multitud como si fueras una estrella de pop. No, esto simplemente significa que quieres mantener tu voz en un tono ligero y moverte por el escenario. Si te mueves durante tu presentación, aunque sea un poco, llamarás la atención de cualquiera que no haya estado prestando atención.

Cuando tengas más energía, las personas te verán naturalmente como alguien cálido y accesible, lo que facilitará su conexión contigo y tu mensaje. Tener una gran energía es como mirar a la multitud y decir: "¡ESCÚCHENME!", sin gritar en voz alta.

Hay algunas formas comprobadas para obtener energía antes de una presentación.

Algunas personas, como el gran orador público Tony Robbins, hacen ejercicio antes de salir al escenario. No te estoy diciendo que corras un maratón, pero siempre puedes hacer algunos saltos antes de la presentación para acelerar tu corazón, de una manera diferente a la que lo harán los nervios. Robbins prefiere saltar en el trampolín de un corredor mientras inhala y exhala rápidamente para que su sangre corra rápidamente. Incluso hacer algunas flexiones te dará un poco de adrenalina y te distraerá de la multitud antes de comenzar.

Si tienes problemas para mantener la energía durante tu presentación, vuelva a involucrar a la audiencia contándole una historia que te interese. Cualquier anécdota que evoque emoción en ti te ayudará a volver a traer el drama en la habitación y agregarle profundidad a tu voz. Caminar de un lado a otro frente a la audiencia, de vez en cuando, hará que los ojos se enfoquen nuevamente en ti.

Solo recuerda, sé consciente de tu energía cuando te presentes. Todos en la sala pueden ver tu energía y tendrás que ser estimulante para mantenerlos interesados.

¡Comunicación! ¿Para quién es la comunicación?

La respuesta es fácil: la comunicación es para ellos, tu audiencia. Es para aquellos que te han dado su tiempo y están esperando cada palabra. Si quieres convertirte en un maestro en el arte de hablar en público, primero debes saber que la comunicación es un activo vital que se tiene que tener a mano. Es fácil decir que se trata del lenguaje corporal y del tono de voz, pero es mucho más que eso. Ser capaz de que las personas sepan tu nombre debido a las presentaciones que das, tener una reputación de poder comunicarte claramente, puede impulsar o destruir tu carrera.

La comunicación se utiliza para cambiar las mentes de las personas, influir en ellas, motivarlas y construir relaciones. Puede cruzar fácilmente las barreras del idioma y de las culturas. Desarrollar tus habilidades de comunicación es vital para llevar una vida plena, nunca debe de pasarse por alto, incluso si te estás enfocando en ello solo para dominar el hablar en público. ¡Es mucho más que eso! Después de todo, muchas personas usan la comunicación para reparar sus relaciones y transmitir información.

Siempre debes de recordar que la comunicación es un proceso bidireccional. Por eso es tan importante la capacidad para comunicarse de manera efectiva. Antes mencioné, en este capítulo, la importancia de escuchar. Bueno, la comunicación es una calle de doble sentido. Debes poder escuchar a tu audiencia, incluso cuando no usan palabras, de esta manera, la presentación se convierte en una experiencia compartida entre tú y los asistentes en la sala. Cuando se acerca el final de tu presentación y la retroalimentación de la audiencia es parte del plan, escuchar realmente sus preguntas o inquietudes, poder responder adecuadamente, puede terminar de muy buena manera el tiempo que pasaron juntos. La presentación es un proceso en constante evolución entre orador y audiencia y debe tratarse de esa manera.

La cantante que se elevó por encima de su miedo con un poco de ayuda - Perfil - Adele

Probablemente sea una sorpresa saber que la increíble cantante sufre de miedo escénico. Este, por supuesto, es el tipo de mujer que ha cantado frente a numerosos públicos, incluso en ceremonias de premios. Sin duda, es una de las cantantes más populares del mundo, por lo que pensarías que está acostumbrada a que el público grite su nombre. Sin embargo, Adele ha sido muy abierta sobre su miedo escénico y su ansiedad.

Hubo un incidente en el que la cantante salió corriendo de una escalera de incendios en lugar de enfrentarse a una multitud. En otra ocasión, admitió haber vomitado sobre alguien antes de salir al escenario. Aún así, a pesar de las inquietudes previas al espectáculo, Adele actúa. ¿Pero, qué la ayudó?

Te sorprenderías. La cantante ha admitido que otra cantante le brindó apoyo contra el miedo escénico. Era alguien a quien ella idolatraba antes de hacerse famosa. Según cuenta la historia, cuando

Adele estaba a punto de conocer a Beyoncé por primera vez, la tímida artista casi tuvo un ataque de pánico. Sin embargo, cuando Adele se encontró cara a cara con Beyoncé, la mega estrella le dijo: "¡Eres increíble! Cuando te escucho, siento que estoy escuchando a Dios".

A veces son las palabras amables de aquellos que valoramos las que nos pueden dar la confianza para salir frente a todos y dar lo mejor de nosotros. Si estás afligido por el miedo escénico, acude con alguien en quien confíes y obtén una opinión del equipo, es posible que algunas palabras amables puedan ayudarte cuando te sientas ansioso.

CAPÍTULO CINCO:

Elaboración de discursos increíbles

No importa si eres el mejor orador del mundo, si no tienes un tema bien investigado y escrito, tu progreso habrá sido en vano. Un discurso mediocre, no importa que tan bien sea recitado, no conmoverá a la multitud, por lo tanto, no será recordado. Me atrevería a decir que incluso dejará al público sintiéndose vacío.

Necesitas entrar a esta etapa sabiendo que has hecho todo lo posible para prepararte. Deberías entrar sabiendo que mantendrás cautivada a tu audiencia, ¡sé que puedes hacerlo! Existen múltiples técnicas que puedes utilizar para asegurarte de que las personas con las que estás hablando se aferran a cada palabra y empiezan a preocuparse por lo que estás presentando.

Pilares de un discurso

Crear un discurso es un proceso difícil y quieres hacerlo de la manera correcta. Es por eso que voy a comenzar con lo primero que debes de tener en cuenta. Puedes considerar estos puntos, como los pilares de un discurso, ya que te van a ayudar a tratar con el público y te ayudarán a consolidar qué tipo de discurso quieres crear, para poder transmitir tu mensaje central con mayor claridad. Sé que una vez que comiences a aplicar uno o todos estos principios, pronto verás una diferencia en la forma en que tu audiencia te escucha.

Persuasión

Generalmente pensamos en la persuasión como algo malo. Me atrevería a decir que casi suena como una palabra manipuladora. La persuasión tiene una mala reputación, pero no debe de considerarse tan siniestra. Después de todo, cuando intentas persuadir a alguien es cuando intentas influir en alguien para que decida algo. Usas la persuasión para cambiar la mente de las personas y, cuando se trata de los discursos, generalmente está respaldada por hechos.

Puedes buscar en Internet, pero hay muy pocos discursos que incluyen incluso el más mínimo indicio de persuasión. Sin embargo, se usa con más frecuencia de lo que pensamos, ya sea para persuadir a nuestro jefe de un aumento o para tratar de que nuestra pareja se lleve bien con nuestra madre. Lo mejor de la persuasión es que es fluida y no toma solo una forma, se puede moldear para mejorar tu argumento, sea cual sea. Generalmente la persuasión no es tan grosera como la manipulación, que a menudo usa la planificación y tácticas para obligar a alguien a cambiar de opinión.

Si quieres ser persuasivo, tendrás que darles a todos una razón para cambiar sus puntos de vista. Puede usar varias técnicas: respuestas emocionales, lógicas o incluso apelar a una razón personal de tu pasado. Quieres conocer ambos lados del argumento para poder contrastarlos mejor. De esta manera, puedes presentar el argumento a la audiencia y hacer que consideren tu postura en función de las razones que has dado. Ayudará a tu causa el dar a conocer ambas partes: de esa manera, si alguien no está de acuerdo contigo, tendrás contraargumentos para el segmento de preguntas al final de tu presentación.

Entretenimiento

¡Estoy seguro de que quieres que tu discurso sea entretenido sin importar qué y estoy seguro de que lo será! Este segmento va más dirigido para aquellos discursos que se basan principalmente en el entretenimiento. Pero también es para ayudarte a comprender cómo hacer que tu discurso sea, efectivamente, un poco menos aburrido. Si encuentras que tu tema es deslumbrante y cansado, es posible que desees arreglarlo con algo de entretenimiento.

Un discurso entretenido a menudo se utiliza para sorprender a la audiencia y llamar su atención, al tiempo que comunicas tu mensaje principal. Cuando te enfocas en el entretenimiento, la forma en que hablas será diferente de cuando ofreces un discurso informativo o persuasivo. Por ejemplo, piensa en el último discurso entretenido que escuchaste. Por lo general, desenterramos recuerdos de brindis en bodas o cuando alguien recibe un premio. Tampoco se trata solo del humor. Se trata de usar tu voz de una manera que entusiasme a la audiencia.

Mucha gente piensa que los discursos entretenidos se pueden hacer sobre la marcha. Agrega un poco de humor, tal vez algunas historias y gestos divertidos con las manos y todos se reirán. Bueno, así no es como funciona. Cuando la gente hace eso, sus discursos pueden fallar y la audiencia se queda sentada en un silencio incómodo. Quieres poner tanta preparación en un discurso entretenido como lo haces con cualquier otro.

Debes ser más abierto con tu lenguaje corporal y usar un lenguaje más ligero. Asegúrate de mantener las cosas ligeras cambiando el tono de tu voz (lo cual trataremos más adelante). También puedes aplicar pequeñas partes de entretenimiento en los discursos más serios para darles un poco de vida. No tienes que agobiarte para ser entretenido: nadie espera que saques una guitarra y comiences a cantar Wonderwall. Solo debes de tener en cuenta que el entretenimiento puede provocar emociones en las multitudes y eso es algo que a todos les encanta.

Informar

Los discursos informativos generalmente están destinados a temas que son un poco más contundentes o para aquellas personas que imparten conferencias centradas en temas específicos. Estos tipos de discursos tratan sobre hechos y deben transmitir esos hechos a la audiencia para que se entiendan fácilmente. Esencialmente, estás informando a tu audiencia.

Hay un problema obvio con los discursos informativos: son serios. Es una cantidad sustancial de información que debe transmitirse en un corto período de tiempo. Realmente no deja mucho espacio para nada más que los hechos. Es fácil encontrar a la audiencia durmiendo, a pesar de su pasión por el tema. Si encuentras que es información realmente tediosa, necesitarás agregar un poco de entretenimiento para sorprender a la audiencia nuevamente. Siempre se recomienda incorporar historias, o tal vez incluso personalizar la información para que la audiencia pueda relacionarse más fácilmente con el tema.

El discurso informativo puede ser abrumador, ya que debe estar muy organizado para aglomerar todos los hechos. Usa citas textuales sabiamente y agrega apoyos visuales. Quieres presentar toda la información en un tiempo determinado y las imágenes pueden ser clave para agrupar mucha información en poco tiempo sin abrumar a la audiencia. Siempre puedes agregar una historia rápida de tu propia vida. Estarás dentro del margen de tiempo, siempre que organices todo y practiques de antemano.

Siempre es importante mantener el interés incluso en un tema aburrido. ¡Lo que tienes que decir es importante! Entonces, para dar los mejores discursos informativos, siempre mezcla un poco de entretenimiento o persuasión. Informar es uno de los pilares del discurso que necesita ayuda de los demás porque, aunque es importante, puede volverse aburrido rápidamente.

Mensaje bien definido

Tu discurso es tu mensaje, así que asegúrate de que esté bien definido. La forma en que diseñas tu discurso es integral a la forma en que la audiencia lo toma y lo considera importante para ellos. Considérate a ti mismo como el iniciador de una conversación y quieres que los demás participen en ella. Haz que sea lo suficientemente fácil para que entiendan, al mismo tiempo que puedes conectarte con el publico, asi no solo atraerás su atención, sino que también quedaran intrigados.

Entonces, ¿cómo defines un mensaje? Depende completamente de lo que intentes transmitir, pero es un tema general que se puede utilizar para cualquier tipo de compromiso de oratoria que puedas tener. Hay algunas preguntas que puedes usar para ayudarte a definir tu mensaje.

- ¿Quién es tu audiencia?
- ¿Qué quieres que aprendan?
- ¿Cómo puedes hacer que lo que estás diciendo es importante para ellos, al mismo tiempo que te mantienes fiel a tus notas claves?
- ¿Cuántas personas habrá allí?
- ¿Cuál es tu límite de tiempo?

Considera todas estas cosas mientras determinas tu mensaje. Debes dejar tu mensaje lo más claro posible y estas preguntas te ayudarán a descubrir tus puntos clave. Quieres que todos tus puntos sean subconjuntos de tu mensaje definitivo, por lo que es tan importante desarrollar una idea principal en primer lugar.

Puedes optar por abrir tu presentación con tu mensaje o idea principal, o puedes optar por abordarlo después de una serie de puntos, dejando en claro a la multitud lo que les espera. Ahora, saber cuál forma elegir se basará en cuál es tu mensaje principal, por supuesto. También quieres sentirte cómodo con la colocación. ¡Definitivamente no elijas algo que te haga sentir inseguro! Si eliges mostrar tu idea principal demasiado rápido y perderte en el camino, puedes perder a la audiencia, así que tienes que ser inteligente sobre su ubicación en la presentación.

El comienzo supremo

¡El primer momento es el más importante! Los estudios han encontrado que una primera impresión dura sólo siete segundos, por lo que el tiempo que pasa al principio de la presentación es crucial para ganar a la audiencia. Hay muchas maneras en que puedes comenzar una presentación o un discurso, cualquiera que elijas, como se mencionó anteriormente, debe ser uno con el que te sientas cómodo. Debe saber que cada forma tendrá un efecto diferente en la audiencia y conocer este efecto dejará una impresión duradera para el resto de tu presentación.

Cuentacuentos

Hablar en público es una forma de arte y usar tus palabras para crear o referirte a una historia personal puede ser una excelente manera de conectar con la multitud. Sin embargo, hay una regla para esto: no lo hagas, y repito, no interrumpas tu discurso o presentación con tu historia. No comiences tu presentación y luego pares solo para contar tu historia. Quieres simplificar la historia para entrelazarla sin problemas, ya que de esta manera no vas a distraer a todos de tu mensaje principal. La opción de contar una historia es una manera efectiva de abrir la presentación, ya que, desde la infancia, nos emocionamos cuando escuchamos el comienzo de una historia, ¡así que asegúrate de que sea entretenida!

Ejemplo: "Una vez fui como tú, solo un adolescente. Pasé mis días faltando a la escuela y saliendo con gente mala. Las drogas eran comunes en ese grupo y eso me llevó a hacer cosas horribles".

Preguntar

Primero, si abres con una pregunta, quieres dar una declaración o un escenario hipotético. Esto no solo hará que la multitud piense, sino que también llamará su atención. Este es un gran comienzo porque involucra a todos desde un primer momento.

Ejemplo: "Se dice que solo el diez por ciento de las personas en nuestro mundo encuentran la clave de la felicidad. Toma muchos pasos encontrar tu propia felicidad. ¿Estás dispuesto a trabajar para que tú también puedas alcanzar un nivel de dicha que se expanda en todas las facetas de tu vida?"

Hacer una declaración

Nada llama la atención de una persona como una declaración que le represente. Si estás buscando enganchar a las personas en cada palabra, puedes optar por hacer una declaración que se relacione con cada persona en la sala. La declaración no necesita ser negativa, pero debe pertenecer a tu mensaje central y encajar con la investigación que has realizado. Si hay investigaciones involucradas, Asegúrate de mencionar la fuente, no quieres que todos en la sala piensen que estás inventando cosas.

Ejemplo: "El calentamiento global no se está desacelerando. De hecho, nos afecta a todos. Se ha descubierto en un estudio de la NASA que comparó la temperatura del planeta de 134 años, que este año hemos tenido el puesto no. 16 como el año más cálido".

Estar agradecido

Esta es una excelente manera de comenzar, ya que estás mostrando humildad y gratitud. Si estás hablando en un lugar, debes de agradecer a quienes lo organizaron para ti, así como agradecer a la audiencia por asistir. De hecho, terminas haciendo que todos en la sala se sientan importantes y entusiasmados con la presentación.

Ejemplo: "Para comenzar, me gustaría agradecer a todos por venir hoy. Para mí es importante que hayan llegado y gracias a los coordinadores por hacer que esto suceda. ¿Podemos recibir un aplauso para todos los que ayudaron a armar esto hoy?"

Ser empático

Puede parecer una mierda, pero ayuda a todos a verte como alguien dispuesto a escuchar y observar a todos en la sala. Al felicitarlos, estás haciendo que tu mensaje sea más sobre ellos que sobre ti mismo, lo cual da una fantástica primera impresión.

Ejemplo: "Entonces, para comenzar, me gustaría decir que ha sido un placer trabajar con ustedes a lo largo de los años. Sé que esta presentación se aplica a todos nosotros, especialmente porque he podido conocerlos durante nuestras horas de trabajo".

Usar la imaginación

La imaginación es interminable, ¡úsala para tu ventaja! Esto lleva a todos a una sensación de cohesión donde pueden visualizar una situación juntos. No solo te dará un respiro antes de saltar a tu presentación, sino que te ayudará a conectarte con todos en la sala.

Ejemplo: "Imagina que estás parado frente a tu jefe y te acaban de decir que has tenido un aumento. Siente esa sensación, ahora abre los ojos. El éxito es lo que hacemos por conseguirlo".

Tu esquema de discurso

Esta parte será intensiva, ¡pero sé que puedes manejarla! Después de todo, una vez que domines tu lenguaje corporal y tu tono, tus palabras son tu próxima clave vital para ofrecer una presentación perfecta. El esquema de tu discurso hará que seas organizado y comprendas tus puntos clave. Esto es lo que necesitas memorizar, lo mejor que puedas, antes de ponerte delante de una multitud. Sé, por experiencia personal, que tener un esquema desorganizado puede conducir a una presentación cada vez más difícil.

Hay varias partes en un esquema y cada una debe depender de la otra. Quieres realizar una transición adecuada para que no se repita información. Cada punto clave cumple su propio propósito y tiene su lugar. A continuación se enumeran algunas pautas a seguir para que puedas asegurarte de que tu esquema sea perfecto para tu evento de oratoria.

Presentate

Debes comenzar con algo espectacular, así que asegúrate de utilizar al menos uno de los conceptos enumerados en este capítulo. Quiero que sorprendas a la audiencia en el momento en que salgas al escenario o a la sala de juntas. No importa dónde te encuentres, debes de comenzar con una fuerte introducción para que todos, automáticamente, te estén escuchando. Siéntete libre de usar algunas de las presentaciones que se ofrecen en este capítulo y adaptarlas a tu propia presentación.

La introducción tiene una serie de partes claves que quieres seguir. Algunas partes son opcionales, pero otras son clave para comenzar tu discurso. Se te indicará cuando un punto se considere opcional. Sigue estos puntos en orden y seguramente obtendrás una introducción perfecta.

Llamar su atención

La primera oración que pronuncias establece el tono para el resto de la presentación. La primera oración es vital para saber cómo te desarrollarás, así que asegúrate de que lo primero que digas impacte a tu audiencia. Se ha demostrado que tienes menos de veinte segundos para causar una buena primera impresión. No se puede cambiar después de eso, así que asegúrate de usar una oración inicial que refleje tu mensaje central, pero también capte la atención.

Establecer credibilidad

Si le estás hablando a una multitud desconocida, dales una razón para escucharte. Diles por qué eres la persona que les habla sobre este tema, ya sea dándoles algunos antecedentes sobre tu conocimiento sobre el tema o a través de una historia de tu vida personal, así puedes hacer que crean las palabras que estás diciendo.

Mensaje central

Aquí es donde presentas el mensaje central de todo tu discurso. Quieres hacerles saber por qué están allí. Esto es genial si estás hablando públicamente sobre un tema en específico, especialmente una opinión. Si estás dando una presentación a tus colegas de trabajo, aquí es donde les dirás el foco principal de tu investigación, ya sea un nuevo producto o un cambio de política en los departamentos. Quieres tener un mensaje central y una buena introducción, porque esto será sobre lo que construirás tus puntos clave.

Vista previa de la presentación

Este paso es opcional y puede ayudarte si tienes una presentación muy larga. También puede preparar el escenario para que todos sepan lo que pueden esperar de la presentación. Aquí colocarías una pequeña diapositiva u ofrecerías una descripción general rápida de en qué va a constar la presentación. Esto es especialmente útil si tienes una presentación larga sobre un tema muy intenso que abordará una serie de puntos.

Segunda parte: puntos clave y subpuntos

La segunda parte viene directamente después de tu presentación al público, así que asegúrate de realizar una transición sin problemas entre el comienzo y los puntos clave. Después de haber comunicado tu mensaje o idea principal, puedes dar a conocer los puntos clave o las razones de por qué tu mensaje central es lo que es. Quieres tener principalmente un punto por diapositiva y luego subpuntos que te ayuden a respaldar la información. Esto le dará credibilidad a tu mensaje, así que asegúrate de que los protagonistas de esta segunda parte sean los subpuntos. Esto te ayudará a mantener un enfoque en el mensaje principal.

Ahora, puedes usar tantos puntos claves como necesites, ¡solo asegúrate de hacer una copia de seguridad de toda la información y utilizar las citas adecuadas! Si estás mostrando estadísticas o información de una encuesta, asegúrate de mencionar de dónde las obtuviste. No tienes que poner esa información en las diapositivas, solo necesitas decirla.

Tercera parte: argumenta tu mensaje

¡Se trata del contraste! Si estás tratando de convencer a la multitud sobre un tema, asegúrate de usar argumentos contrastantes y refutarlos. Quieres hacer esto antes de la última parte de tu presentación, para dejar en claro que tu mensaje central es correcto. Aplicar esta técnica demasiado pronto en la presentación, puede hacer que la audiencia lo olvide, especialmente si tienes mucha información que necesitas transmitir a la multitud.

Cuando uses puntos de contraste en tu presentación, encontrarás que captas la atención de la audiencia. Los sorprendes y los haces considerar el tema desde una nueva perspectiva, particularmente porque cuando estás contrastando algo, agregas una sensación de drama. Cuanto más sostengas la atención de la audiencia, más recordarán tu mensaje central. Si puedes ofrecer ejemplos, puedes ayudar a todos en la multitud a comprender un poco más tu punto de vista.

Hay tres partes en un argumento contrastante: primero va tu mensaje central, que debería ser lo primero que se discuta. Quieres hablar sobre todas las implicaciones de por qué se debe de tener en cuenta tu mensaje. La segunda parte es analizar el resultado y por qué el método actual no funciona. Luego terminas con los aspectos positivos sobre tu mensaje y cómo puede cambiar las cosas.

Ejemplo:

Paso 1: se deben aumentar los impuestos a los ricos. Esto nos ayudará a desarrollar mejores comunidades y generar mejores viviendas y necesidades para nuestras áreas.

Paso 2: si no se aumentan los impuestos a los ricos, ¿qué pasa? Ellos siguen teniendo más dinero. Así son las cosas ahora: ellos tienen una serie de activos que no necesitan.

Paso 3: Entonces, cuando analicemos los impuestos a los ricos, verás que podemos poner ese dinero en diferentes áreas, como las escuelas y el transporte. Si hacemos esto antes, podemos ver los cambios realizados más rápidamente.

Quiero que se sepas que esto es solo un ejemplo. Estoy contrastando dos puntos, al mismo tiempo que te hago considerar mi mensaje. Te doy razones y luego las expongo. Por supuesto, tu presentación no será tan pequeña, pero se entiende la idea. Te hace preguntarte qué más se podría decir sobre el tema y si sí es una posibilidad, esa es la belleza de las ideas contrastantes.

Cuarta parte: dilo de nuevo para las personas de atrás

La cuarta parte está antes de la conclusión, debería ser una parte completamente separada. Puedes usar esta parte para resumir los puntos clave y el mensaje principal. Esta es una fórmula básica para un discurso o presentación, pero siempre es efectiva. Siempre puedes elegir cambiar ligeramente las cosas, especialmente si estás buscando crear una presentación única.

En esta última parte, asegúrate de captar la atención de la audiencia. Estás a punto de concluir y quieres que las personas abandonen tu presentación entendiendo todo lo que acaban de escuchar. Entonces, si estás resumiendo una gran cantidad de información, intenta realmente reducirla a los puntos más importantes y mantener estos en un nivel mínimo para que sean más fáciles de entender. Deberías considerar crear un resumen de la presentación.

Conclusión: di tus últimas palabras

Quiero que pienses en algunas de tus películas favoritas. ¿Qué fue lo que realmente atrajo tu atención de ellas? ¿Por qué las amas? Para algunas personas, es por como termina la película. Cuando una película realmente grandiosa alcanza su clímax, toda la audiencia está en silencio. Quiero que puedas terminar tus presentaciones y discursos con tal sentimiento. Hay maneras de que tus últimas palabras sean tan memorables como las primeras.

Además, puede haber ocasiones en que tu mensaje principal se pierda en el alboroto en medio del discurso. ¿Quizás accidentalmente te desviaste? No hay necesidad de preocuparse. Puedes finalizar de manera correcta y hacer que tu mensaje central sea lo último con lo que la gente salga de la habitación.

Desafiar

¿Estabas buscando generar acción entre la multitud? Si así es, todos sabemos que no hay nada como un desafío para hacer que los asistentes sientan que ellos también necesitan actuar. Es una especie de llamado a la acción, comenzar la conclusión con tu mensaje principal y luego decir qué pueden hacer las personas para cambiar el resultado de las cosas, o incluso cambiar sus propias vidas.

Comparar

Si das un discurso sobre algo que necesita ser cambiado, entonces una excelente manera de terminar es comparar lo que está en contra de ese cambio. Posiblemente ya hayas hecho esto en la tercera parte. Sin embargo, si estás buscando convencer a la audiencia de que cambien de opinión, una excelente manera es recordar tu mensaje principal. Esto hará que la audiencia cuestione la validez de la oposición. Por ejemplo, puedes decir: "destruimos la Tierra con el calentamiento global o construimos un futuro para nuestros hijos". No solo refuerza tu mensaje, sino que deja a la audiencia con una nota sobre el cambio.

Tiempo de cuentos

¿Quieres que las personas hablen sobre tu presentación en cuanto se vayan? Termina con humor. Nada funciona más para que una multitud se vaya con una sonrisa en sus cara como terminar con una broma. Siempre puedes elegir un chiste que tenga aspectos de tu mensaje central incrustado, o uno que repita un punto clave que habías hecho antes. Si eliges esta conclusión, asegúrate de probar antes el chiste, con un amigo o dos, para determinar si es realmente divertido. Lo último que quieres hacer es terminar con silencio y sonido de grillos en la habitación.

Gracias

¡Estoy seguro de que ya sabes a dónde voy con esto! Quieres dejar en claro a todos en la sala que has terminado. Esta es una manera informal pero humilde de finalizar tu presentación. Simplemente agradece a la audiencia por escuchar y asistir: esta es una manera simple pero efectiva de terminar. Se ha hecho muchas veces, pero en realidad nunca pasa de moda porque la gente siempre aprecia que alguien reconozca el tiempo que han dedicado a escuchar a alguien.

Estímulos visuales

¿Has dado tu declaración final? Bueno, este sería un buen momento para impactar a la audiencia. Para hacer esto, siempre puedes usar una imagen que haga pensar a la multitud. Por lo tanto, elige una imagen que haga referencia a tu mensaje y que haga que tu público se siente a pensar, por uno o dos minutos, antes de irse.

El magnate de los negocios que superó su miedo - Perfil - Warren Buffett

Hay muchas posibilidades de que hayas escuchado el nombre de este hombre. Después de todo, es uno de los hombres más ricos del mundo. Es probable que él haya asistido a más reuniones y presentaciones de las que nosotros haremos en toda nuestra vida, ya que es el CEO de Berkshire Hathaway y un inversor. No hay duda de que la gente lo presenta todos los días. Sin embargo, como hombre de negocios, él tuvo que presentar a otros. Desafortunadamente, en su carrera temprana, Warren Buffet estaba aterrorizado de hablar en público.

El magnate de los negocios es abierto sobre su miedo en su etapa inicial y cómo impactó su carrera. Se podría decir que si no hubiera sido capaz de superar sus temores, puede que no se hubiera convertido en el hombre del que todos hemos oído hablar hoy. Entonces, ¿cómo lo hizo?

Te sorprenderá que haya seguido pasos similares a los que he presentado en este libro que estás leyendo ahora. Incluso admitió haber tomado un curso de oratoria, ¡solo para abandonarlo porque estaba demasiado nervioso! No hay duda de que tenía muchos obstáculos que superar y lo hizo paso a paso.

El multimillonario se inscribió en un curso de oratoria y, después de graduarse, comenzó a hablar como profesor en una universidad local.

También comenzó a practicar solo, con la mentalidad de que podía pararse frente a una multitud sin arruinar su conferencia.

Aunque no se dio cuenta, Warren Buffett enfrentó sus miedos y hizo las cosas de todos modos. Es probable que por esto se haya convertido en el valiente magnate de los negocios que es hoy. No hay forma de saberlo, por supuesto, pero ciertamente ha recorrido un largo camino desde que era ese joven que estaba demasiado aterrorizado como para estar ante una multitud.

CAPÍTULO SEIS:

Diseñando una presentación estelar

En el capítulo anterior nos centramos en la elaboración de discursos, que es la primera parte de tu presentación, este capítulo, sin embargo, va a ser sobre cómo elaborar una presentación de diapositivas. Esto incluye qué herramientas puedes usar, cómo crear una presentación y cómo encontrar las palabras para poder enfatizar tu mensaje a la audiencia. No tengo ninguna duda de que después de usar algunas de las opciones de este capítulo, tu presentación sorprenderá a todos.

Herramientas para usar

Tener la presentación correcta comienza con tener el programa adecuado para crear tus diapositivas. Hay un programa muy popular que utilizan la mayoría de las empresas: Microsoft PowerPoint. Este programa es sinónimo de presentaciones, pero no es tu única opción. ¡He enumerado a continuación varios programas para crear diferentes diapositivas que podrían adaptarse a lo que necesitas! Más allá de eso, he incluido exclusivamente programas que se pueden descargar de manera gratuita.

Diapositivas de Google

El uso de esta opción en línea es efectiva cuando necesites trabajar en tu presentación desde cualquier lugar. No necesitas una USB o un equipo en particular. Puedes trabajar en cualquier dispositivo porque tu archivo se mantendrá en tu cuenta de Google. Esta opción también es excelente cuando trabajes con un grupo, en vista de que varias personas pueden acceder al mismo documento, de tal forma cualquiera podrá seguir la presentación a medida que expones.

KeyNote

¿Eres fanático de Apple? Si es así, Keynote debería convertirse en tu programa preferido. Esto se debe a que este programa se usa mejor con dispositivos iCloud, iOS y Mac. Como muchos de los que se enumeran aquí, este es un programa fácil de adaptar. Viene con una variedad de opciones diferentes, como usarlo en múltiples dispositivos, efectos especiales para tu presentación y temas únicos que puedes personalizar. Una de las desventajas es que este programa solo está disponible en dispositivos de Apple.

Software de presentación de diapositivas Photostage

Encontrarás que este programa es uno de los más fáciles de usar. Permite la creación perfecta de presentaciones de diapositivas profesionales y también tiene una variedad de opciones de edición. Como la mayoría de las aplicaciones de diapositivas, puedes incluir imágenes, transiciones y música. También puedes convertir la presentación de diapositivas en un DVD, si es necesario, o subirla a YouTube para transmitirla fácilmente desde cualquier lugar.

Movavi Slideshow Maker

Este es un programa fácil de usar y te permite crear presentaciones de diapositivas personalizadas con una variedad de opciones diferentes. El verdadero punto ganador de este programa son las plantillas de diapositivas prefabricadas y la biblioteca de música de fondo gratuita, filtros y efectos especiales. Este es el programa que quieres usar si estás buscando crear una presentación que tenga más opciones de personalización. Es el mejor programa para una presentación de diapositivas única.

Construyendo tu presentación de diapositivas

¿Qué hace que una buena presentación de diapositivas se convierta en una excelente presentación de diapositivas? Quiero que pienses en algunas cosas que notas inmediatamente cuando ves una presentación. ¿Es su atractivo visual? ¿Son las palabras que usa? ¿Tal vez como se muestra la información? Déjame decirte una cosa: es todo esto combinado. Crear una presentación de diapositivas que no solo muestre la información correctamente sino que también sea estéticamente agradable, no es tan fácil como parece. No solo es hacer clic en algunos botones en la pantalla y de repente tener todo resuelto.

Hay ciertos pasos que puedes seguir para crear una presentación de diapositivas digna de tu tema, a la vez que resulta estética. Al utilizar esta guía de pasos, puedes evitar tener el tipo de presentación que las personas tienden a ignorar. Siéntete libre de adaptarlos a tus necesidades, solo recuerda que debes mantener cada paso y no descartar ninguno que no sea opcional.

Esquema

No hace falta decirlo, pero siempre debes crear un esquema de tu presentación antes de comenzar a crearla en un programa. Después de todo, necesitas saber lo que vas a decir. No importa la cantidad de información que pongas en cada diapositiva, si no tienes un esquema, es probable que luzca desordenada y poco profesional. Para hacer un esquema, simplemente divide la información que tienes en temas y escribe la información que quieres que aparezca en cada diapositiva. Así habrás creado ya un esquema para la totalidad de tu presentación.

Aquí hay un ejemplo de un esquema para una presentación de diapositivas:

1. Introducción
2. Mensaje central
3. Propuesta (o resumen)
4. ¿Por qué deberían considerar la propuesta? (puntos clave)

5. Más razones para considerar (ejemplos de puntos clave)
6. Conclusión
7. Gracias / Preguntas

Esta es solo una presentación básica. Cada punto no incluye solo una diapositiva, ya que puede haber múltiples puntos claves o razones para considerar sobre el tema, especialmente si se trata de una comparación. No importa cuántas diapositivas necesites usar, solo asegúrate de que la información sea clara y concisa en cada diapositiva.

Tono (Paleta de colores)

Deberás establecer el tono de las diapositivas según el tipo de presentación que estés haciendo. Ahora, si buscas un tono profesional, por ejemplo, no quieres presentarte con diapositivas que tengan el dibujo de un de muñeco de nieve (obviamente). También querrás usar la jerga relacionada con tu campo de trabajo, sea cual sea. Si tu presentación es graciosa, querrás configurar tu presentación de diapositivas para que tenga colores más claros y todos sepan de inmediato qué esperar. Esta es tu presentación de diapositivas, así que siéntete libre de hacerla única. Las reuniones profesionales pueden ser informales, así que no te preocupes y haz que la experiencia sea agradable para todos, incluso si la información es de un tema muy serio.

Utiliza tus puntos clave

Tus puntos principales deben ser el foco de tu charla. No sólo te ayudarán a recordar aspectos específicos de tu tema, sino que te ayudarán a sincronizar la información correctamente para que no te desvíes. Siempre debes hacer una lista de los puntos clave que giran en torno a tu mensaje central. Debes tener señales insertadas en tu presentación para que puedas refrescar tu memoria en caso de que pierdas el rumbo u olvides algo en específico. Al considerar tus puntos principales, debes clasificarlos adecuadamente, ya sea que estés haciendo una presentación profesional o un discurso. Titular tus puntos es importante, ya que puedes hacerlos serios o humorísticos.

No olvides respaldar tus puntos con subpuntos, puesto que quieres que cada punto se aclare con la información adecuada. Así puedes usar estos datos para corroborar tu mensaje central y probar tu punto, sin importar cuál sea este. Vamos a abordar este tema más adelante.

Tus apoyos visuales hablan por ti

Hay ciertos colores a los que los ojos están más acostumbrados, sin embargo, no se trata solo de colocar estos colores donde sea. Cuando creas una presentación de diapositivas para tu discurso, siempre debes seguir un par de simples reglas para captar la atención de la audiencia. Es cierto que no siempre podemos juzgar un libro por su portada, no obstante eso sólo se aplica para los libros. La forma en que aparece tu presentación hará que cautives los ojos de la audiencia, así que asegúrate de que tengan algo agradable a la vista.

Estilo visual

Siempre puedes usar una plantilla de diapositivas pero esto parece un poco perezoso de tu parte, ¡especialmente si alguien la reconoce! Dios no permita que esto suceda. Por lo tanto, en su lugar, debes crear tu propio tema para que puedas elegir tu propio estilo y colores. Una cosa que no quieres hacer es tener muchos estilos diferentes a lo largo de tu presentación, puesto que esto atraerá la atención de todos pero no por las razones correctas, resultando en una distracción. Quieres que tus diapositivas tengan un estilo y un esquema de color uniforme. Por lo cual, debes de mantener un diseño constante en todas tus diapositivas, esto incluye cuadros de textos y gráficos.

Deja algo de espacio

A nadie le gusta el desorden. Ya sea en un escritorio o en un hogar, un desastre no es atractivo a la vista. ¡Asegúrate de mantener tus diapositivas en orden! Menos es siempre más cuando se trata de tu presentación. Es mejor escribir solo palabras clave, no todo tu discurso, pues lo que quieres es que las personas en la sala te escuchen en vez que de que lean todo el tiempo, de lo contrario, podrías haberles enviado un correo.

Los colores son el mejor amigo de las multitudes

Saluda a una de las configuraciones principales para tu presentación de diapositivas. Si usas los colores correctamente, descubrirás que el estilo realmente se integrará. Si trabajas para una empresa, pueden haber colores específicos que puedas usar, ¡así que úsalos sabiamente! Si solo quieres presentar una idea original, asegúrate de elegir colores que se combinen y se contrastan entre ellos. Intenta evitar colores demasiado similares, como el índigo y el azul marino. Quieres que haya un flujo en tu presentación de diapositivas. Por ejemplo, el azul y el blanco son colores contrastantes que se complementan y atraen a la vista.

Al elegir el color de la fuente, debes atenerte a un color oscuro para que todos puedan leerlo. ¡No uses colores brillantes! Si usas un color claro sobre un fondo oscuro, como el amarillo sobre el negro, puede parecer poco profesional. Si estás empeñado en usar un color claro sobre un fondo oscuro, haz que tu fuente sea blanca. Si la fuente es de trazo estrecho, pon la letra en negrita para que la imagen sea claramente legible. Además, evita usar demasiadas palabras en una sola diapositiva, el público no puede leer tan rápido, ni escucharte y mirarte al mismo tiempo. Manténte alejado de la fuente de color rojo, ya que parecerá que todo está mal escrito. El rojo es el color típico para marcar errores, por lo que todos lo aplicarán inconscientemente a un error en tu presentación.

Si no estás seguro de cuántos colores debes usar, siempre es mejor mantener una cantidad menor. Por lo tanto, trata de tener solo dos o tres para comenzar, siempre puedes cambiarlos si sientes que se ven un poco sosos. Elige dos colores opuestos, como el blanco y el negro, y luego un color secundario para agregar alguna definición.

Gráficos y diagramas

Los gráficos son una forma fácil de transmitir información sin tener que decir números o enumerar la información, lo que puede ser una molestia. Se cuidadoso con el uso del color y haz que la información en las diapositivas sea lo suficientemente nítida para que se pueda leer sin dificultad. Únicamente agrega gráficos que sean importantes para el tema en cuestión: no quieres abrumar a las personas con datos. También es mejor si no agregas demasiados números o texto junto a tu gráfico, ya que puede parecer desordenado. También puedes decir los detalles del gráfico, en lugar de agregar una cantidad abundante de números en la diapositiva.

Los mejores gráficos para usar

- Gráfico de columnas: este gráfico se utiliza mejor cuando se comparan múltiples temas. Puedes optar por agregar algunas fechas, productos u opciones diferentes para tu trabajo. La información que agregues depende de ti pero, usar este cuadro te ayudará a transmitir fácilmente la información para que todos puedan ver las diferencias.
- Gráfico de dispersión: usa este si estás comparando números, generalmente destinados a ventas o consensos. Si tienes innumerables asignaturas, esta es tu mejor apuesta. Por lo general, se usa para comparar ubicaciones y fechas o para los diferentes datos que puedas tener.
- Gráficos de columnas apiladas: este es el mejor. Usa un máximo de cuatro elementos de composición para que el gráfico no parezca demasiado grande en la presentación de diapositivas.

Animación y Transiciones

¡Ten cuidado al usar animaciones y transiciones! No quieres que tu presentación de diapositivas se vea poco profesional, lo que puede suceder, especialmente si agregas una cantidad ridícula de animación en cada diapositiva. Quieres usar animaciones para agregar estilo a tu presentación de diapositivas y al contenido involucrado. Asegúrate de que no distraiga, sino que atraiga a la vista y se mezcle con la presentación sin esfuerzo. Si estás haciendo una presentación de la empresa, tómalo con calma y haz que las transiciones sean lentas. Una de las mejores formas de incorporar animación es revelar los subpuntos que se relacionan con tus puntos clave o pasar de un tema a otro durante la transición de diapositivas.

Encontrar las palabras

Todos hemos presenciado una mala presentación. Déjame preguntarte esto, en tu opinión, ¿qué produce una mala presentación? A menudo todo está en las palabras que usamos. Esto no incluye solo cuando estamos hablando, sino que también se basa en lo que estamos viendo. Por lo general, estas presentaciones son más largas de lo necesario y no son visualmente estimulantes.

Tu audiencia, lo sepa o no, es exigente con el texto que aparece en tu presentación de diapositivas. Por lo general, responderán mejor a las presentaciones que ofrecen imágenes y texto mínimo. Las personas tienden a estar más comprometidas con este tipo de presentación de diapositivas. No solo no vas a bombardear al público con una cantidad ridícula de información, sino que también dejas fuera cierta información, lo cual es excelente para que la audiencia haga preguntas.

No querrás que tu audiencia lea un libro, así que debes saber que puede ser abrumador para ellos cuando se enfrentan a un muro de texto. Es como tratar de leer una tesis: nadie quiere hacer eso. A menudo confundirás a todos porque esperan escuchar la información en lugar de leerla. Por lo tanto, solo debes incluir la información necesaria. Deja espacio para explicar cada parte de tus puntos clave.

Tú quieres enfocarte en tu mensaje central. Asegúrate de que cada diapositiva comunica tu mensaje, agregando información a tus puntos clave (también es por eso que hacer un bosquejo de tu presentación de diapositivas es vital para el éxito de tu presentación). Una vez que la audiencia se concentre en tu mensaje, será más fácil comunicarte con menos palabras.

Entonces, ¡haz las ediciones! Querrás deshacerte de cualquier exceso de información. Termina tus diapositivas y luego, con un ojo severo, edita la basura que hay en ellas. Si hay información allí que no necesita ser vista, simplemente elimínala. Siempre puedes decir la información en lugar de tenerla en la diapositiva. Quieres una apariencia minimalista: piensa en viñetas, luego elabora y agrega gráficos informativos para que, si hay números involucrados, se pueda entender la información.

Sé lo difícil que puede ser reducir la información, especialmente cuando te apasiona el tema, pero no debes agregar ningún texto adicional a tu presentación. Deja que tu pasión se muestre con lo que dices, en lugar de con lo que muestras en la pantalla. Esto también evita que repitas información, ya que tendrás los puntos claves para mantenerte bajo control. Cuando te excedes con la redacción en tu presentación, puede repetir información sin saberlo algunas veces, lo que solo hará que parezca que no pasaste suficiente tiempo preparándote.

Juntando todo

En primer lugar, quieres juntar toda tu información y herramientas mucho antes de la fecha en que te presentarás. Esto te ayudará a estar mejor preparado y te dará tiempo suficiente para practicar. Cuanto mejor ensayes, más natural será la presentación.

Tu mensaje central tiene que ser importante para ti y quieres encontrar razones para apasionarte por él. Siempre puedes fingir interés, pero así perderás a tu audiencia. Se darán cuenta de que no estás tan interesado, independientemente de lo entusiasta que pretendas ser. Por lo tanto, asegúrate de haber elegido las cosas que disfrutas y luego toda tu audiencia también lo disfrutará. Esto va para tus títulos, tus diapositivas y tus imágenes. Si todo se junta para que estés satisfecho, esto reflejará en la audiencia.

Desarrolla tu tema central y asegúrate de que tu presentación lo abarque. Estoy seguro, de antemano, de que habrá nervios, incluso nos sucede a los mejores. Pero si tu presentación está lista, toda la información se une correctamente y, si te has dado tiempo para ensayar, hay muchas posibilidades de que los nervios se disipen.

Cómo un gran golfista superó su tartamudez - Perfil - Tiger Woods

Tiger Woods es un nombre que nos resulta familiar porque es una leyenda viva del golf. Él también tuvo un tartamudeo que tuvo que superar para convertirse en la persona que es hoy. Él acredita su competitividad en todos los aspectos de su vida como algo que lo ha ayudado a superar su dificultad para tomar la palabra. Aún así han habido entrevistas donde vuelve su tartamudeo.

¿Pero, cómo lo hizo? La respuesta probablemente te sorprenderá. No solo fue su voluntad perdurable de superarlo, sino también el poder hablar con su perro, lo que lo ayudó. Practicaba hablar con él hasta que el perro se dormía.

"Finalmente aprendí, por mí mismo, como hablar sin tartamudear", dijo, sin hacer una pausa.

La tartamudez proviene de la infancia y puede ser difícil de superar. Hay terapias del habla y escuelas que ayudan a los estudiantes a derrotar su manera de hablar. A veces, sin embargo, se necesita un poco de práctica y un mejor amigo para ayudarte a lidiar con tu miedo a hablar frente a los demás, sin importar cuál sea la razón.

CAPÍTULO SIETE:

Atrae exitosamente a tu audiencia

Hay algo diferente sobre los oradores que hablan en público. De alguna manera, pueden pararse frente a una multitud, hablarles y llevarlos a la acción. Si quieres dominar el hablar en público, hay algo más que solo poder entretener. También debes de ser capaz de motivar y hacer que realmente te escuchen. La audiencia te apreciará por ello y poder hacer eso, te permitirá crear una red de personas que pueden ayudarte a desarrollar una carrera sólida más adelante. Al hablar con ese magnetismo que atrae a las personas, es probable que termines reservando compromisos adicionales para hablar de boca en boca.

Se trata de ser un imán y atraer a las personas a lo que estás diciendo con tu voz, tus palabras y tu lenguaje corporal. Es una trifecta que, cuando se junta, puede cambiar la forma en que te mantienes en el escenario. También cambia la forma en que las personas reaccionan ante ti, sin importar de qué tema estás hablando. Una vez que comprendas que cada gesto y cada palabra tendrán un efecto diferente, podrás trabajar en tu presencia. Aquí es donde haces el trabajo por dentro para que puedas brillar en el escenario, ¡yo sé que puedes!

Liderar el camino

Quiero que pienses en alguien que conoces que tenga una presencia dominante. Ahora, esta persona puede ser una celebridad o alguien que conoces, no importa. Trata de pensar qué es lo que te atrae cuando habla o cuando entra a una habitación. ¿Tus ojos lo siguen? ¿Te aferras a cada palabra que dice? Esto puede considerarse el factor *je ne sais quoi*. Uno pensaría que las personas nacieron con él, pero a menudo es algo que se construye a través de experiencias de vida y habilidades de liderazgo natural. ¿Quieres saber la mejor parte? Puedes aprender cómo aprovechar esto para que puedas desarrollar tu propio factor *je ne sais quoi* cada vez que entres a una habitación y des una presentación.

Claro, puedes aprender a hablar y cortejar a una multitud. Eso está bien. ¿Sabes que no está bien? No escuchar comentarios, no escuchar cuando alguien más está hablando. La mejor manera de ganarse el respeto de otras personas es no solo ser interesante, sino también estar interesado en lo que dicen.

Solía tener la mala costumbre de escanear la habitación por nerviosismo cuando alguien me hablaba. Mis ojos saltaban de persona a persona, como si estuviera esperando una nueva oportunidad para una nueva conversación, incluso si ese no fuera el caso. ¿Cómo crees que eso hizo sentir a la persona que me hablaba? Solo puedo imaginar que se sintió bastante mal y quiso terminar la conversación lo más rápido posible.

Desde entonces he aprendido a hacer contacto visual y realmente escuchar lo que la gente tiene que decir. Esto incluye cuando eres el centro de atención y cuando estás en el escenario. Si alguien tiene una pregunta o quiere dar su opinión, tómate un momento para dejarle hablar y terminar sus oraciones. No los interrumpas, solo escucha. Si demuestras que estás interesado, ellos también lo estarán.

Fuerza: no del tipo muscular

¿Conoces tus fortalezas? ¡Si no lo haces, definitivamente deberías hacerlo! Después de todo, cada orador público es distinto y tendrá una manera de brillar diferente. Quiero que descubras cuáles son tus puntos fuertes, para que puedas jugar con ellos y mejorar tus habilidades para hablar en público. No siempre se trata de cómo puedes hablar con una multitud, ¡pueden ser muchas otras cosas! ¿La gente piensa que eres gracioso? ¿Eres genial contando historias? ¿Tienes una presencia relajante con la gente nueva? Estas son solo algunas de las cosas que puedes considerar antes de anotar tus puntos fuertes. Descubre tus fuerzas y piensa en formas en que puedes aplicar estas fortalezas para mejorar tu presentación.

Usa tus experiencias

En lugar de usar oraciones cómo "podrías entender" o "si esto te sucedió una vez", porque eso no va involucrar a la audiencia con tu presentación, en cambio, usa experiencias que has tenido en tu propia vida como ejemplos. Claro, esto puede ser un poco intimidante. No tengo dudas de que te sentirás desnudo al principio y está bien. Pero aquí hay un hecho divertido: todos se identificarán contigo. ¿Quieres saber por qué? Porque todos somos humanos. Puede que no tengamos exactamente las mismas experiencias de vida, pero la mayoría de nosotros hemos compartido emociones relacionadas con tus propias historias de vida. Hay una parte de nosotros en cada uno de ellos y, de esa manera, todos somos similares. Entonces, usa tus historias, verás que una chispa se mostrará dentro de la multitud a medida que comienzan a verte mientras platicas tu vida.

No temas al silencio

Cada vez que vemos una película, notarás que toda la audiencia está en silencio. Nos frustramos si alguien comienza a hablar en medio de una escena importante. Si habla y la multitud permanece en silencio, no te sobre excites ni te pongas nervioso. Esto es a menudo una buena señal.

Como orador, te encontrarás con estas situaciones a menudo. La sala puede ser tan silenciosa que se puede escuchar caer un lápiz o alguien tosiendo en la parte de atrás. Quiero que abraces el silencio. Es posible que incluso desees hacer una pausa y dejar que el silencio se filtre en la habitación, creando un tipo de tensión superior antes de comenzar a hablar nuevamente. Si demuestras que tiene una buena idea acerca del silencio, encontrarás que te sientes más seguro. Normalmente, los oradores nerviosos intentan reír para escapar de la quietud de una multitud o intentan llenar el silencio con su voz. Haz lo contrario y ganarás el respeto de las personas en la sala sin que ellos lo sepan.

Se Auténtico

Una cosa que puedes notar acerca de las muchas formas de enfatizar las habilidades de liderazgo, durante tu presentación, es como saber escuchar, cómo utilizar tus fortalezas como armadura y como hablar en público. ¿Cuál es la única cosa que todas tienen en común? La autenticidad. Eres digno de ser auténtico frente a una multitud. Eres suficiente y sé que la gente querrá escuchar lo que tienes que decir. A veces, sin embargo, se trata de la forma en que lo decimos. Es por eso que sé que los conceptos en este libro te ayudarán a revelar tu verdadero yo y a sentirte a gusto mientras hablas en público. A menudo, se trata de ser sinceros sobre quienes somos. Tal vez sea por eso que tememos estar frente a una multitud: estamos esencialmente solos. Déjame decirte esto: eso no es siempre algo malo.

Cuando piensas en los discursos más famosos jamás escritos, no siempre se trataba de las palabras, por conmovedoras que puedan ser. Lo que recordamos suele ser como se dijo. Fue la forma en que Martin Luther King, Jr. dijo: "Tengo un sueño", que llevó a las personas a unir sus manos y aplaudir. La forma en que habló era fiel a su ser auténtico. Cuando vemos algo que nos aburre, no siempre es porque la persona que habla está nerviosa, a veces es porque odian lo que están haciendo. Como ellos no quieren estar allí, tú no quieres estar allí. Si te encuentras siendo una de esas personas, trata de encontrar algo sobre el tema que estás cubriendo (especialmente si es para un trabajo) y siente pasión por ello. Cuando eres auténtico acerca de tu entusiasmo, otras personas lo percibirán y comenzarán a sentirlo también.

Esta es una cualidad de liderazgo importante porque la autenticidad hace que las personas quieran estar cerca de ti. Cuando comienzas a ser auténtico y a decir lo que piensas de una manera que realmente trata de ser comprensiva, es difícil cuestionar lo que has dicho. He estado en la industria durante más de una década; este es uno de esos atributos que se encuentran en el núcleo de la mayoría de los oradores públicos, cuyos nombres puede enumerar en tu cabeza. Sin embargo, sé lo difícil que es llegar a ese lugar. A veces, de hecho, puede parecer imposible. ¡Te diré por qué no lo es y por qué tu ser auténtico importa!

Encontrar tu voz auténtica

Sé que existe el temor de parecer como si estuvieras hablando desde un guión. Todos hemos visto esas presentaciones con tarjetas de referencia, donde el presentador las baraja en sus manos, buscando lo siguiente que decir. Esto no comunican a la audiencia que esté allí para sorprenderlos, es por eso que la autenticidad es tan valiosa. Ciertamente no quieres perder tu credibilidad a los ojos de aquellos que han venido a ver tu presentación.

¿Por qué te importa tu mensaje central? Realmente piensalo. ¿Por qué es importante para ti? Es posible que solo estés presentando un producto a un cliente, o haciendo un brindis de boda, pero no importa. Te han dado la tarea de hablar con una multitud. Debes establecer una conexión con el mensaje que intentas transmitir y aplicarlo en ti mismo. En esencia, no siempre se trata de lo que estás hablando públicamente, sino en cómo se relaciona contigo. Después de todo, si lo relacionas contigo mismo, también puedes relacionarlo con la audiencia. Cuando lo consideras así, tus palabras se convierten en tu verdad.

Pero, ¿cómo se determina esto? Debes saber quién eres. Esto no solo significa la historia de tu vida, es más profundo que eso. ¿Dónde te ves en el mundo? Cuándo puedes comenzar a responder a este tipo de preguntas, puede encontrar tu identidad. Después puedes conectar tus pasiones a la presentación, lo que no te gusta o incluso cómo tu rutina diaria.

No quieres mentir o ser inconsistente. La gente puede saber cuándo mientes. Es como cuando sales de un vestuario, miras al vendedor y le preguntas si te ves bien. Cuando responden con una mentira, puedes decir que no terminas comprando el producto. Es exactamente el mismo concepto que pararse frente a una multitud y no ser auténtico. Ellos pueden saber cuando mientes. Entonces, incorpórate a la presentación, te sorprenderá la reacción que obtienes.

Practicando la autenticidad

No hay duda de que practicar antes es crucial para poder pronunciar un buen discurso. Sin embargo, no quieres sonar demasiado ensayado. Una de las formas en que puedes evitar esto es obligarte a hacer gestos con los que te sientas incómodo. Quieres mantener contacto visual con tu audiencia, ¡pero no los asustes! No quieres tener un concurso de miradas con la persona en la primera fila, todo porque estás tratando de ver su lenguaje corporal. Ten en cuenta lo que está haciendo tu cuerpo, pero no seas demasiado enérgico.

Probablemente te estés preguntando, ¿cómo me vuelvo auténtico? Claro, el lenguaje corporal ya se mencionó en este libro. Es una forma sutil de comunicarse con la audiencia y la importancia para tu presentación no puede ser exagerada. Si quieres crear una sensación auténtica para tu presentación o tu discurso, querrás practicar mientras consideras que audiencia vas a tener. Si practicas tus gestos demasiado, estos pueden parecer robóticos.

Hay algunas reglas que puedes usar para ayudarte a ensayar a la perfección, al tiempo que mantienes tu autenticidad. Quieres escuchar, quieres estar entusiasmado con lo que estás hablando y siempre estar frente a la audiencia con una postura abierta. Si puedes hacer esto, hay más posibilidades de que tengas éxito. Puedes usar estas tres reglas para ensayar y practicar gestos. Siéntete libre de usar un espejo si no te sientes seguro.

Show de variedades

Bien, entonces tienes un tema aburrido. Has leído el libro hasta este punto y estás mirando las páginas, pensando, "¿y si lo que necesito es poder vender una aspiradora a un multimillonario?" Bueno, eso no suena muy divertido. Estoy seguro de que hacer una presentación sobre la succión de una aspiradora, no es la mejor manera de pasar tu día, pero debes hacerlo. ¡Y sé que puedes hacerlo! Aquí es donde traes variedad y sazonas tu presentación para que tanto tú como todos en la sala no se duerman.

Agrega algunas chispas

Tener un tema aburrido, ¡no significa tener la oportunidad de ser un orador aburrido! Es posible que estés casi llorando por un colapso porque odias lo que tienes que presentar, pero se trata de usar un ángulo diferente para hacer el tema más entretenido. Entonces, deja de mirar una pantalla en blanco y una presentación aburrida. Estamos a punto de arreglarlo.

Puedes pensarlo desde un punto de vista estratégico: ¿qué ángulo tomó para hacer esto interesante? Muchas personas abordan temas que no son tan interesantes desde diferentes ángulos, para encontrar uno que se adapte a sus necesidades de una manera entretenida.

Interrumpir

Definitivamente no estoy hablando de saltar arriba y abajo mientras de repente haces malabares, obviamente. Generalmente pensamos en las interrupciones como cosas malas, pero en realidad puedes llamar la atención si la multitud ha comenzado a perder interés. Se trata esencialmente de sorprender a todos en la sala. Esto no solo atraerá las miradas hacia ti, sino que las mantendrá allí.

Esto funciona mejor si tienes una presentación aburrida y plana, ya que interrumpirla recuperará la atención de la multitud. Se trata de romper el flujo de tus palabras con entretenimiento. En un punto de la presentación, puedes detenerte y sorprender al público con algo nuevo, ya sea una encuesta, un gráfico, una cita o incluso un video.

Quieres asegurarte de que la interrupción sea relevante para el tema. Puedes, por ejemplo, elaborar un cuestionario. Esto traerá de vuelta a la audiencia a tu presentación y los va a involucrar. Recuerda, quieres que tu presentación fluya. Haz que tu interrupción sea necesaria para continuar con el tema.

Empatía

Una excelente manera de involucrar a la audiencia es verificar las tendencias de las redes sociales. Puedes darle relevancia a tu tema relacionándolo con algo que sucede en el mundo en ese mismo momento. Ve las tendencias populares que están sucediendo en el mundo y adapta una parte de tu presentación. Incluso puedes permitir que comience un debate donde comparas tu tema con algo relevante que esté sucediendo en ese momento. Esto no solo atraerá la atención de la gente, sino que también los irritara. Solo asegúrate de usar algo relacionado con el contenido de alguna manera. También recomiendo tener cuidado con lo que eliges, ya que no quieres que la multitud se enoje porque has dicho algo ofensivo.

Hablar metafóricamente

Si tienes un tema que puede ser difícil de entender, siempre puedes usar metáforas durante la presentación para hacerlo más interesante y hacer que todos piensen. Cuando usas una metáfora, haces una pregunta retórica que el público puede responder en sus cabezas. La idea no es darles la respuesta, eso lo tienen que hacer por sí mismos. Entonces, puedes preguntarles, "¿cómo es?" O, "si lo comparas con estas cosas, ¿cuál sería para ti?" Así le das a la audiencia la independencia que necesita para descubrir el tema por sí misma, en lugar de sentirse obligada a conocerlo de antemano.

Tener las respuestas

Una cosa que notarás sobre las personas que naturalmente atraen a las personas hacia ellos es que nunca tienen miedo de decir lo que piensan. Cuando estás parado en el escenario, esto puede ser algo difícil de hacer, ya que has ensayado durante horas, sino es que días.

Si has decidido finalizar tu discurso o presentación con una sesión de preguntas y respuestas, es posible que encuentres un obstáculo en el camino cuando la gente empiece a hacer preguntas para las que no estabas preparado. Estoy seguro de que te has encontrado con alguien quien tiene una respuesta aprendida cada vez que le hablas. Cuando esto sucede, no puedes evitar pensar que no hay mucha sustancia en lo que está diciendo. Entonces, cuando hayas decidido terminar con preguntas, haz una lista de respuestas que puedas usar.

Cuando elijas tus respuestas, asegúrate de que tengan profundidad y personalidad. Investiga hasta que ya no puedas investigar, o agrega algunas anécdotas de tu propia vida si no estás seguro. Ofrecer una respuesta verdadera y auténtica ayudará a otros a verte como alguien más sincero. Es una herramienta increíble para utilizar, ya que se pasa por alto. La mayoría de la gente no espera respuestas tan reflexivas. No sólo puedes irte con una buena nota como presentador, sino que también dejarás una buena impresión antes de que la audiencia abandone el lugar o la sala de juntas.

El magnetismo viene de adentro

Solo puedo imaginar que te sentirás como un fraude al principio, como si estuvieras fingiendo llegar a ser una persona más magnética, como si estuvieras tratando de manipular el camino para que la gente te quiera. Así es como comienzas, pero pronto notarás cambios en tu propia actitud y personalidad.

Tu magnetismo viene de adentro. Este es el factor *je ne sais quoi*. No se trata de lo que está afuera porque, sin importar que tan atractivo seas, necesitas trabajar por dentro. Si eres la persona más atractiva del mundo pero no tienes cualidades amables en tu interior, encontrarás que las personas se irán tan rápido como entraron. El magnetismo es ser auténtico, ser considerado con los demás, eligiendo tus palabras y poseyendo autocontrol. Estas no son sólo cualidades increíbles de liderazgo, sino cualidades que el mundo necesita más.

Lo anterior te conducirá al tipo de magnetismo adecuado que superará incluso la peor de las presentaciones. Esto no quiere decir que puedas volar en el escenario, sino que tu capacidad para conectar con una multitud se va a amplificar. Sé que tomará algo de práctica, pero no tengo dudas de que podrás ser tu verdadero yo y permitir que otros vean los aspectos maravillosos que te hacen ser quien eres.

El actor que dio un paso al frente a pesar de sus miedos - Perfil - Harrison Ford

Lo conoces como Han Solo e Indiana Jones. Este increíble actor ha sido famoso por más de 30 años, por lo que uno pensaría que está acostumbrado a hablar frente a extraños. Su trabajo es actuar literalmente frente a docenas de personas, incluyendo escenas de acción. Entonces, ¿cómo sufre alguien como él de miedo a hablar en público?

A pesar de su increíble carrera en la pantalla grande, Harrison Ford ha admitido que hablar en público lo llena de "terror y ansiedad". Fue cuando fue a recibir el Premio al Logro de la Vida del American Film Institute, que Harrison admitió tener problemas para pronunciar su discurso.

Habló con los periodistas diciendo que "el mayor temor en mi vida es hablar en público". ¿Qué hizo entonces? A pesar de sus temores, Harrison subió al escenario, pronunció un discurso y aceptó su premio. Lo único que puedes hacer es subir y hacerlo, a pesar de los nervios y la ansiedad.

Ganar un premio no te ayuda a hablar en público, solo lo hace un poco más agradable.

CAPÍTULO OCHO:

Evita el auto-sabotaje

Hay una gran cosa sobre los errores: ¡aprendes de ellos! Y si ya sabes qué errores no debes cometer, entonces, puedes evitarlos. Esto no es evitar el miedo: se trata de estar preparado y, para estarlo, necesitas saber qué no hacer y qué no incluir en tus presentaciones. Quiero que tengas éxito con cada una de las presentaciones en público que tengas, especialmente evitando los errores que yo y muchos otros hemos cometido antes.

Sobre la audiencia

Si no estás hablando con una audiencia, estás hablando con una habitación vacía. Ten esto en cuenta cuando te presentes. Tu audiencia hace que seas un orador. Sin ellos, no tendrás a quien transmitir la información. Los errores harán que molestes o pierdas a la audiencia, así que asegúrate de mantenerlos fuera de tu presentación. Quiero que ganes audiencia a medida que avanzas, así que evita los errores que te pueden causar angustia mientras hablas en público.

Sobrecarga de información

Recuerdo cuando empecé a hablar en público. Quería que la multitud supiera cuánto sabía sobre ganar confianza. Estaba allí de pie con el resplandor de las luces en mi cara y el silencio de la multitud frente a mí, me pasé diez minutos del tiempo en que se suponía debía de terminar. Tenía siete puntos clave desglosados en tres subsecciones cada uno. Les conté sobre el lenguaje corporal y la voz y cité todos los estudios: habían muchos gráficos involucrados. ¿Puedes adivinar qué sucedió? Algunos se fueron e incluso vi a dos de ellos quedarse dormidos. Aprendí desde ese momento que, aunque estaba preparado, había decepcionado a mi mensaje principal.

Cuando pasas demasiado tiempo dando la información y no el suficiente tiempo en el mensaje, terminas perdiendo a tu audiencia. Quieres decir todo de manera concisa: hazlo simple. Siempre mantendrás la atención si dices tus puntos y sigues adelante. Puedo pensar en algunos maestros que siguieron y siguieron hablando sobre ciertos temas, eventualmente todos comenzamos a pasarnos notas porque no estábamos prestando atención. Este es el tipo de cosas que suceden cuando estás siendo monótono.

A menos que sea relevante, mantén la información en lo mínimo. Tus gráficos circulares sólo muestran cuánto estudiaste para presentar el tema en cuestión. Demasiados gráficos simplemente van a abrumar a todos con información innecesaria. Su tiempo es tan valioso como el tuyo, así que mantén esa integridad y diles lo que necesitan saber, no todo lo que no saben.

No asumas nada

Bueno, todos sabemos lo despreciable que es un estereotipo. Decir que es algo horrible de hacer sería quedarse corto. Entonces, por favor, no asumas nada sobre tu audiencia. ¿Tiene cierta postura política? ¿Color favorito? ¿Estás tratando de averiguar si todos son ricos? No lo hagas. Simplemente haz lo contrario de lo que dice Nike, no lo hagas. Asumir algo así sobre la audiencia puede hacer que tu presentación quede obsoleta.

Si entras en una habitación y asumes que todos son fanáticos de Nickelback, vas a tener un mal día. Hay formas de descubrir estas cosas sobre la audiencia: comenzar la presentación o discurso con la canción entera de *Look at this photograph*, probablemente no sea tu mejor movimiento, no importa cuánto te guste la canción.

La ignorancia no es felicidad

¿Te apasiona tu tema? Si respondiste que sí, esto se aplica a ti. Sé que a veces podemos dejarnos llevar por nuestro tema y continuar durante horas. ¡Queremos que todos sepan lo importante que es! Sin embargo, como todo en la vida, hay una trampa. Quizás olvides que tu audiencia existe. Eso, y que es posible que ellos no conozcan el tema en cuestión, por lo que depende de ti explicarles. Seguir hablando y hablando sobre el tema no te ayudará y tu audiencia se aburrirá fácilmente.

Siempre debes informar a la audiencia en dónde se encuentran antes de comenzar. Esto les permite entenderte mejor. Aceptar preguntas al final de la presentación también es una buena idea, ya que siempre puedes dar la información que están buscando si no la has abordado. Quieres que puedan centrarse en la presentación en cuestión sin perderse. ¡Así que no los ignores! Asegúrate de tener siempre en cuenta a la audiencia a medida que avanzas mientras explicas las cosas abiertamente.

Sobreventas

Entonces, tienes una presentación que es más una reunión de ventas. De acuerdo, puedo trabajar con eso. ¿Sabes cuál es el mayor error al intentar vender un producto en una reunión? Está justo en el título. Sobreventas. Todos sabemos que un vendedor es una persona carismática o es una persona tramposa, como esos dibujos animados que intentan vender productos rotos. No creo que estas cosas sean ciertas en la vida real, son solo estereotipos.

Dicho esto, puede ser fácil para las personas tener este tipo de primeras impresiones debido a estos estereotipos. Nada detendrá más a un cliente de comprar o invertir en tu producto como la sobreventa. Sé que esto suena básico, pero estoy seguro de que te estás preguntando cómo no sobre vender. Bueno, hay algunas cosas que puedes hacer.

Usa preguntas abiertas. Por ejemplo, en lugar de decir: "¿Qué quieres decir con que tu empresa no puede pagar este producto?" Debes preguntar: "¿Qué tipo de precio pagarías por tus habilidades?" Ya que el cliente se muestra descontento si no puede pagar un producto o si cuestiona la cantidad. Trata de razonar con ellos de que vale la pena la cantidad a gastar, en lugar de obligarlos a comprar.

Esto va de la mano con la empatía. Asegúrate de ser empático al presentarte. Quieres encontrar puntos donde puedas entender por qué las personas están interesadas en el producto. Dependiendo de éste, pueden tener una necesidad que solo tu producto puede ofrecer. Siempre puedes hablar sobre experiencias personales con ellos y hacerles preguntas sobre por qué sienten que tus productos no son los mejores.

La sobreventa es peligrosa cuando se trata de ventas, pero al ser genuino en tu comprensión y estar abierto a las preguntas que pueda tener la audiencia, encontrarás que naturalmente tendrás una presentación más carismática.

La ofensiva no es efectiva

Es un mundo nuevo por ahí. El humor no es lo que era hace años, ya que el Internet ha hecho que cambiemos. Nuestra sociedad se ha vuelto más consciente del humor nervioso y ciertamente no es tan común como alguna vez lo fue. Al mismo tiempo, el humor también es objetivo y no todos se ríen de los mismos chistes. Está bien. A veces el humor se basa en nuestras propias vidas o en cómo crecimos. Esto no significa que deba haber material ofensivo en una presentación. Esos chistes que antes estaban bien ya no son representaciones del lenguaje que deberíamos usar. Debes preocuparte más sobre cómo tu humor podría afectar a la audiencia y tener en cuenta todos los ámbitos de la vida. El humor grosero ya no se aprecia, es solo ofensivo.

Cuando se usa correctamente, el humor es una forma fantástica de sumergir a tu audiencia y asegurarte de que se ría y se divierta. Sin embargo, hay una línea muy fina con el humor. Hay momentos en que puede caer por la borda. Un poco de humor en las presentaciones es una excelente herramienta para relajar a la audiencia, establecer una buena relación y mejorar tu presentación. Sin embargo, los chistes malos siempre serán chistes malos. Y alguien que se ríe de sus propios chistes malos es aún más incómodo de ver. Conoce a tu audiencia y siempre evita bromas sobre política o religión o cualquier cosa sexista o racista.

En su lugar, busca historias humorísticas de tu propia vida para compartir, especialmente cuando el chiste es sobre ti. El humor autocrítico puede ser muy divertido y entrañable. Cuando las personas están relajadas, toman la información de manera más efectiva, por lo que hacer que la audiencia sonría y se ría puede ser muy útil durante tu presentación; solo deja de lado los chistes malos y el material controvertido.

Evita el ego

Creo que el orgullo es una virtud: si has logrado llegar al punto en el que estás ahora, no veo ninguna razón por la no que deberías estar orgulloso de ti mismo. Dicho esto, el ego y el orgullo comparten una línea muy delgada y la mayor parte se limita a cuando estamos rodeados de otros.

Cuando le hablas a una multitud, puede ser fácil ser un poco arrogante, especialmente si eres un profesional en tu tema. Conoces toda la información más reciente porque has investigado el tema durante meses, sino años. Puede que incluso hayas dedicado tu vida a ello. Entonces, ¿por qué la gente no necesitaría escucharte? Tienes la información y básicamente la estás entregando.

Lo anterior puede brindarte una gran confianza que la gente apreciará. Sin embargo, deberás vigilar tu tono cuando presentes la información. Cuando permites que el ego se apodere de tu actitud y de tus acciones, terminarás con una multitud que ya no se siente feliz de estar allí. Sentirán que se les está dando una conferencia. Perderás la conexión con la audiencia porque sentirán que sus opiniones o pensamientos no importan. Parecerá que tu mente está ocupada en su propia grandeza, en lugar de estimular a la audiencia.

Esto también ocurre si tienes personas difíciles en la audiencia. No cedas ante sus estados de ánimo y tú no los reflejes. Si alguien te hace preguntas tontas, solo trata de responderlas lo mejor que puedas hasta que pasen. No permitas que te impidan continuar con tu presentación. La audiencia lo respetará profundamente.

Sobre la presentación

No hay duda de que tenemos rutinas cuando damos una presentación. Después de todo, siempre es más fácil hacer algo que siempre hemos hecho en lugar de cambiarlo. Sin embargo, a veces, estos errores que estamos cometiendo pueden ser debilitantes para nuestra presentación. ¡Quizás ni siquiera sepamos que estamos en mal estado en ese momento! Nadie nos lo dice, por lo que seguimos cometiendo los mismos errores sin darnos cuenta. No te preocupes si te encuentras cometiendo estos errores comunes e intentas resolverlos a medida que avanzas. Una vez que sepas que están presentes, puedes comenzar a descartarlos.

Usando rellenos

¿Qué quiero decir con rellenos? Um, sabes, quiero decir, es realmente difícil de decir. ¿Notaste algo sobre esa oración? Esos son los rellenos a los que me refiero. Son las palabras que utilizamos como copias de seguridad cuando no tenemos nada que decir, o si hemos olvidado una parte de nuestra presentación. Desafortunadamente, estas palabras hacen que la audiencia se pregunte qué tan profesional eres. Intenta evitar estas palabras cuando las sientas en la punta de la lengua. Si sientes que se acercan, siempre puedes agregar una pausa entre tus oraciones para llenar el espacio momentáneo, ¡solo asegúrate de no hacer una pausa por mucho tiempo!

¿Es eso una pregunta?

¿Alguna vez has escuchado a alguien hablar de una manera que parezca que todo lo que dice suena como una pregunta? Bueno, esto es algo natural que puede suceder cuando intentamos llamar la atención de alguien. Sin embargo, te has ido por el camino equivocado. La audiencia necesitas reflexionar después de cada pregunta, si todo lo que dices suena como una, da una impresión equivocada a la audiencia. Por lo tanto, mantén las preguntas al mínimo y úsalas sólo para generar impacto.

El chico divertido

De acuerdo, el humor es genial. Me encanta el humor tanto como a cualquier persona, ya que puede ayudar a entretener a la audiencia. No hay nada como hacer reír a todos en la habitación a la vez, ¡es una sensación increíble! También puede ayudar si estás hablando de un tema serio que puede causar negatividad en la habitación. Es una herramienta maravillosa para utilizar que tranquiliza a todos.

Entonces, ¿qué tiene de malo un poco de humor? Nada. Esto aplica solo si estás usando demasiado humor. Debes recordar que hablar en público es diferente a ser un comediante. No estás ahí para bromear constantemente, como si estuvieras en un club de comedia. Se trata de dar un discurso o una presentación que cautive a la audiencia. Querrás mantener un nivel de humor únicamente para aligerar el estado de ánimo, de lo contrario, es posible que tu audiencia no te tome en serio y tu presentación sea completamente olvidada.

Práctica, práctica, práctica

Tal vez creas que los oradores nunca se equivocan. Yo creía lo mismo, en un principio nunca me preparé realmente. ¿Dónde me dejó eso? Improvisando. Nadie improvisa a menos que hayan entrado en la habitación sin preparación. Para obtener los mejores resultados para tu presentación, práctica todo lo que necesites. Algunas personas necesitan practicar una docena de veces, otras incluso más. Una vez que practicas lo suficiente como para sentirte cómodo, estás listo para salir a ese escenario. Sin embargo, te diré que una vez que comiences a hablar mejor en público, sentirás la necesidad de dejar de practicar. ¡No lo hagas! Siempre practica o puede que te quedes sin palabras frente a una multitud que se aferra a cada palabra que dices.

El tiempo lo es todo

Entonces, has practicado. ¿Cometiste un pequeño error al no verificar algo mientras estabas practicando? Yo lo hice al comienzo de mi carrera. Hay un truco para hablar en público que es esencial para tu compromiso: ¡el tiempo! Mide tu tiempo durante cada práctica. No debes estar a la mitad del tiempo asignado y solo te queden dos diapositivas más. Debes estar preparado y completar el tiempo (si tienes algo extra mientras practicas) con información que la audiencia debe saber, no solo los rellenos que los dejarán aburridos.

Si sabes que habrá participación de la audiencia, deja algo de tiempo para eso. Da aproximadamente un tercio del tiempo de la presentación a las preguntas, en caso de que sean algo que la presentación necesita. De lo contrario, deja solo unos minutos hacia el final para la participación del público y déjalo así. Luego, una vez que se hayan hecho todas las preguntas, usa tu línea de cierre. Debes asegurarte de no salir del escenario tan pronto como hagan la última pregunta. Siempre ten una línea de cierre disponible para que todos en la sala sepan que has terminado. No querrás que pierdan el tiempo para ver si volverás.

Houston, tenemos problemas técnicos

Todos hemos estado allí. Un minuto te estás preparando para tu presentación, pero cuando te giras para mirar tu presentación de diapositivas, el proyector no funciona y la pantalla está en negro. Las dificultades técnicas son frustrantes y dificultan el inicio de una presentación. No siempre puedes evitar que aparezcan problemas técnicos, ya que puede que no sea tu culpa, ya sea el lugar, la conexión al Internet o incluso la iluminación, algunas cosas están fuera de tu alcance. Sin embargo, hay formas de evitar algunos de estos problemas.

Si nunca antes te has presentado en el lugar, preséntate temprano para que puedas configurar todo. Si no puedes presentarte temprano, asegúrate de hacer algunas preguntas sobre los oradores anteriores y cualquier problema técnico que hayan tenido antes. De esta manera, puedes buscar estos problemas y estar bien versado para solucionarlos si puedes. Siempre puedes practicar conectando tu computadora a diferentes salidas y pantallas o traer a un amigo que conozca bien las computadoras.

Siempre y cuando te hagas cargo de estas situaciones, en lugar de quedar estupefacto, no perderás tu atractivo para el público. Sí, será frustrante. Sí, no siempre puedes controlarlo, pero puedes controlar cómo reaccionas y qué haces en el tiempo que esperas a que se solucione la situación.

Mentiroso, mentiroso

Entiendo que si tienes algo que necesitas vender desesperadamente, podrías desesperarte. No quieres hacer esta transgresión porque, si se dan cuenta, no solo perderás a la audiencia, sino que podrías perder mucho más. Nunca, nunca quieres mentir sobre tus hechos. Utiliza siempre las fuentes adecuadas.

No aumentes el número de sus ventas y no fabriques detalles importantes. Estos cambios, que pueden parecerte minuciosos, pueden ser una gran señal de alerta para alguien que realmente conoce el tema en cuestión. No importa si estás parado frente a una clase o frente a un cliente, debes de tener claros tus datos. Ya debes de tener la información en tu cabeza y saber de dónde la obtuviste. A propósito, Wikipedia no siempre es el mejor recurso.

Prepárate en caso de que las personas cuestionen tu investigación o tus números. Diles exactamente de dónde proviene la información. Esto será fácil si te has preparado adecuadamente. Entonces, no mientas. Al final, solo te mentirías a ti mismo, lo que te hará sentir incómodo cuando termines la presentación.

Deja ir los errores

Habrá momentos en los que no podrás controlar lo que sucede, ya sea un error tecnológico (que ocurre con más frecuencia de lo que nos gustaría) o una diapositiva faltante durante una presentación que no habías notado. Es duro decirlo, pero hay una alta probabilidad de que cometas errores sin importar cuán cuidadoso seas. Debes anticipar los errores porque de lo contrario sucederán con mayor frecuencia. Se trata de mejorar constantemente y aprender de tus errores.

No importan cuáles sean, vas a crecer por tus errores, tal como lo hice en mi carrera inicial. Para alcanzar tus objetivos, siempre deberás planificar con anticipación. Los errores que cometes no definen quién eres porque los errores son inevitables, todo lo que puedes hacer es prepararte para esos errores la próxima vez. Tendrás que poder dejar ir los errores y aprender a hacerlo mejor la próxima vez.

Cometer errores no te convierte automáticamente en un gran orador público, incluso si es el tipo de error que termina molestándote después. En todo caso, son una oportunidad para crecer y adaptarse mejor al trabajo. Por lo tanto, no cometas el error de creer que eres un fracaso solo porque lo echaste a perder. Aprende de tu error y da un paso más: ese es el secreto del crecimiento y del éxito.

Superando el miedo - Perfil - Tú

Quiero que te imagines parado frente a una multitud de cientos de personas. Sales al escenario, la multitud aplaude cuando sales y te paras frente a ellos. Sonríes a la audiencia. La luz es cegadora desde donde estás parado, apenas puedes distinguir las caras de todos en la audiencia. A pesar de esto, se nota que el teatro está lleno.

Puedes sentir que tu corazón se acelera en tu pecho, pero lo aceptas y te llevas el micrófono a la boca. Aspiras lentamente antes de presentarte. No hay errores y no hay balones sueltos. Son solo tú y el público, y ellos están pendientes de cada palabra.

Esta es tu historia y sé que puedes hacer que suceda. Quiero que visualices lo que sea que te veas haciendo y que lo practiques a medida que avanzas. Escribe tus objetivos, celebra tus logros y disfruta del hecho de que estás marcando una diferencia no solo en tu vida sino también en la vida de los demás.

Ahora solo tienes que ponerte a trabajar.

ÚLTIMAS PALABRAS

Hablar en público es una carrera que cambia la vida, te enseña disciplina, confianza y orgullo. Puede ser una plataforma para compartir tus ideas y hacer que otros actúen sobre lo que tú consideras importante. Cuando le digo a la gente cómo cambió mi vida una vez que comencé a hablar en público, muchos no me creen. Fue a través del trabajo duro y años de aprendizaje que logré mostrar cómo hablar en público ha cambiado mi vida. Hay días en que incluso miro a mi alrededor con asombro. He tenido la suerte de haber visto esta misma transformación en tantas personas, desde CEOS hasta filántropos.

Sé que los conceptos de este libro te llevarán por un camino que, en este momento, podría ser difícil de comprender. Te verás desempeñando mejor tu trabajo con cada reunión o ya no tendrás miedo de saludar de mano a ese hombre del bar. Tal vez ya no estés nervioso por dar el brindis en la boda de tu mejor amigo. Cualquiera que sea el caso, sé que puedes superarlo siempre y cuando sigas los principios que te he establecido.

Ser parte de tu avance me da la motivación para seguir hablando y ayudando a otros. Solo puedo esperar que crezcas para lograr cosas increíbles y estoy muy agradecido por permitirme participar en ello. Solo he configurado las formas en que puedes lograr el éxito, pero tendrás tú que ponerlas en práctica.

Esta es la parte donde tomas las riendas y te pones a trabajar. Recomiendo releer la parte que más te gustó, usa este libro para tu beneficio mientras prósperas en tu carrera de hablar en público. Todo lo que necesitas es dar un paso y tu viaje comenzará.

Referencias

Arash Javanbakht, L. S. (27 de octubre de 2017). *Smithsonian Magazine*. Obtenido de https://www.smithsonianmag.com/science-nature/what-happens-brain-feel-fear-180966992/

Beqiri, G. (20 de septiembre de 2018). *VirtualSpeech*. Obtenido de https://virtualspeech.com/blog/designing-presentation-slides

Boundless Communications. (s.f.). Obtenido de www.courses.lumenlearning.com/boundless-communications/chapter/steps-of-preparing-a-speech/

Cengage. (s.f.). Obtenido de www.cengage.com/resource_uploads/static_resources/0534637272/16296/PSEA_Summary_c05_rc.htm

Fearn, N. (4 de diciembre de 2019). *TechRadar Pro*. Obtenido de https://www.techradar.com/best/best-presentation-software

Guillebeau, C. (s.f.). *The Art of non-conformity*. Obtenido de https://chrisguillebeau.com/acknowledging-and-moving-on/

Hart, B. (29 de octubre de 2019). *Medium*. Obtenido de www.medium.com/@hartconnections/4-strategies-to-overcome-fear-paralysis-93effc462dd

Higgins, R. (2 de diciembre de 2019). *Eventbrite Blog*. Obtenido de https://www.eventbrite.com/blog/9-ideas-to-spice-up-your-workshop-or-training-and-engage-your-audience-ds00/

Hoque, F. (10 de junio de 2015). *Fast Company*. Obtenido de www.fastcompany.com/3046944/7-methods-to-overcome-your-fear-of-failure

Humphrey, J. (7 de marzo de 2019). *Fast Company*. Obtenido de www.fastcompany.com/90314736/you-are-probably-making-one-of-these-7-mistakes-in-your-everyday-speech

Layton, J. (26 de julio de 2019). *HowStuffWorks.* Obtenido de www.science.howstuffworks.com/life/inside-the-mind/emotions/fear7.htm

Lee, G. (s.f.). *Small Business - Chron.com.* Obtenido de ww.smallbusiness.chron.com/setting-tone-speech-41439.html

Lott, T. (29 de mayo de 2015). *The guardian.* Obtenido de https://www.theguardian.com/lifeandstyle/2015/may/29/children-used-to-be-scared-of-the-dark-now-they-fear-failure

Lucidpress. (10 de septiembre de 2018). Obtenido de https://www.lucidpress.com/pages/learn/how-to-design-presentations

Manner of Speaking. (12 de mayo de 2019). Obtenido de http://www.mannerofspeaking.org/2019/05/12/transitions-in-a-speech-or-presentation/

Morgan, N. (2 de enero de 2019). *Harvard Business Review.* Obtenido de https://hbr.org/2008/11/how-to-become-an-authentic-speaker

Mulukom, V. v. (10 de diciembre de 2018). *The conversation.* Obtenido de http://theconversation.com/how-imagination-can-help-people-overcome-fear-and-anxiety-108209

Nediger, M. (12 de noviembre de 2019). *Venngage.* Obtenido de https://venngage.com/blog/presentation-design/

Palmer, B. (15 de octubre de 2019). *Friends and Family Health Centers.* Obtenido de http://www.homewoodfriendsandfamily.com/blog/2019/10/15/fear-paralysis-reflex-anxiety-and-panic-attacks/

Parashar, A. (10 de agosto de 2018). *Ragan.* Obtenido de https://www.ragan.com/how-to-add-humor-to-your-speech-without-being-a-comedian-2/

Presence, C. (10 de junio de 2019). *Commanding presence.* Obtenido de https://www.commandingpresence.com/single-post/2019/06/10/4-Tips-for-a-Commanding-Presence

Psychology Today. (s.f.). Obtenido de www.psychologytoday.com/us/basics/fear

Ropeik, D. (octubre de 2014). *U.S. National Library of Medicine.* Obtenido de https://www.ncbi.nlm.nih.gov/pmc/articles/PMC1299209/

Sawchuk, C. N. (17 de mayo de 2017). *Mayo Clinic.* Obtenido de https://www.mayoclinic.org/diseases-conditions/specific-phobias/expert-answers/fear-of-public-speaking/faq-20058416

Schmitt, J. (5 de febrero de 2016). *Forbes Magazine.* Obtenido de www.forbes.com/sites/jeffschmitt/2013/07/16/10-keys-to-writing-a-speech/#60cad69d4fb7

Smith, J. (17 de enero de 2014). *Forbes Magazine.* Obtenido de http://www.forbes.com/sites/jacquelynsmith/2014/01/17/12-tips-for-overcoming-your-fear-of-change-at-work-2/#10ec8c102735

Smith, J. (4 de febrero de 2016). *Business Insider.* Obtenido de http://www.businessinsider.com/avoid-these-public-speaking-mistakes-2016-2#-13

The Center for Transformational Presence. (11 de febrero de 2019). Obtenido de www.transformationalpresence.org/alan-seale-blog/acknowledging-your-fear-and-finding-your-way-forward/

Tsaousides, T. (19 de noviembre de 2015). *Psychology Today.* Obtenido de https://www.psychologytoday.com/us/blog/smashing-the-brainblocks/201511/7-things-you-need-know-about-fear

Westsidetoastmasters. (s.f.). Obtenido de https://www.westsidetoastmasters.com/resources/powerspeak/ch03.html

Write-out-loud.com. (2016). Obtenido de https://www.write-out-loud.com/how-to-use-humor-effectively.html

¡TU REGALO GRATIS ESTÁ AQUÍ!

Gracias por comprar este libro. Como un obsequio y suplemento para potenciar tus nuevos aprendizajes y tu viaje de desarrollo personal, recibirás este folleto de regalo y es completamente gratuito.

El regalo incluye- como ya lo anuncié en este libro- un valioso recurso de prácticas ideas y sencilla composición que te ayudará a que domines tu propia rutina de calma y seguridad para tu día a día.

El folleto te proveerá de poderosos conocimiento sobre:

- Cómo formar hábitos empoderadores que cambiarán tu vida.
- Cómo direccionar tu propio Poder de 3.
- Las 3 cosas que necesitas para cambiar cómo te sientes contigo mismo y en tu vida.
- Cómo incentivar tu autoconocimiento y autoestima.
- Cómo crear un bucle de retroalimentación positiva diaria.

Recuerda que un único paso puede cambiar tu vida.

¿Qué pasa si puedes dar un paso adelante cada día, en la dirección en la que quieres ir?

Puedes obtener tu folleto extra de esta manera:

Para acceder a la página de descarga secreta, abre una página de navegador en tu computador o teléfono inteligente, y entra a **bonus.gerardshaw.com**

Serás automáticamente dirigido a la página de descarga.

Por favor ten en cuenta que este folleto sólo estará disponible para descarga por un tiempo limitado.

¡No te lo pierdas! Haz clic en este mismo momento y descárgalo hoy mismo.